Entscheide dich JETZT!

Erfolg ist lernbar!

Mirko Ribul

Entscheide dich JETZT!

Erfolg ist lernbar!

- Tu den ersten Schritt
- Steigere deine Lebensqualität
- Die 16 Lebensmotive – was uns wirklich antreibt

LINDE
international

Inhalt

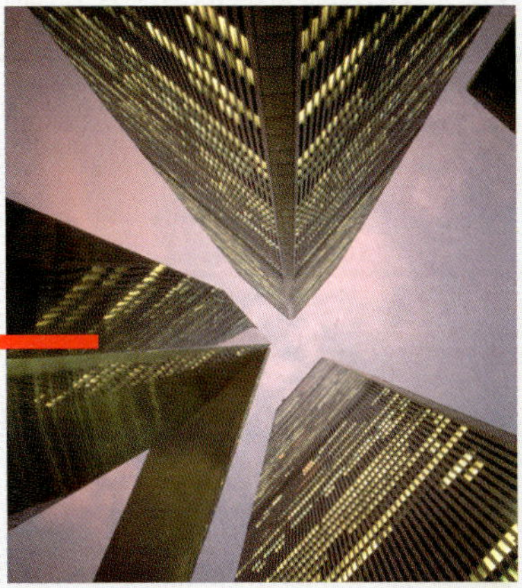

Vorwort

Dieses Buch habe ich für alle Menschen geschrieben, die mehr aus ihrem Leben machen wollen. Für Menschen, denen klar geworden ist, dass das, was sie bisher erreicht haben, noch nicht alles gewesen sein kann. Für Menschen, die nach mehr streben, die vielleicht noch keinen Plan haben, wie sie dahin kommen, aber ganz tief in ihrem Inneren spüren, dass sie ausbrechen wollen, weil sie zu mehr fähig sind, als sie bisher wahr gemacht haben.

Jeder kann seinen Erfolg verwirklichen

Nichts, aber auch gar nichts kann mich daran hindern, meiner Phantasie freien Lauf zu lassen. Der gesamte Fortschritt der Menschheit ist dadurch entstanden, dass einige wenige Menschen Dinge erdacht haben, die alle anderen für verrückt erklärten.

Manfred O. Glück, Autor und Seminartrainer

Ich nehme mich selbst als Beispiel. Mein Beruf als Autoelektriker hat mir gut gefallen. Die Arbeit hat mir Freude gemacht. Aber schon während der Berufsausbildung habe ich mir innerlich immer wieder gesagt: Die nächsten 45 Jahre unter dem Auto liegen und am Abend mühsam die ölverschmierten Hände sauber schrubben – das kann doch nicht alles sein. Bin ich nur dafür am Leben? Sind die schönen Autos und die grossen Villen wirklich nur für die anderen da? Gibt es Erfolg und Wohlstand nur für ein paar Auserwählte, die vom Schicksal begünstigt werden, während alle anderen sich durch ein Leben voller Mühsal schleppen?

Überlegen Sie jetzt an dieser Stelle, was Sie sich für Ihr Leben am meisten wünschen. Sind Sie wirklich zufrieden mit Ihrem Leben und mit dem, was Sie besitzen? Oder haben Sie sich einfach damit abgefunden, dass Ihre Wünsche und Träume leider nicht zu verwirklichen sind? Dann will ich Sie dafür begeistern, einen Neustart zu wagen, denn eines habe ich an mir selbst und an vielen anderen erfahren: Jeder Mensch ist zum Erfolg geboren und jeder kann seinen Erfolg verwirklichen. Er muss sich nur dafür entscheiden.

Jeder kann das lernen, was er zur Verwirklichung seiner Ziele braucht

Wodurch unterscheiden sich Menschen, die Erfolg haben und ein unabhängiges Leben im Wohlstand führen, von jenen, bei denen entweder das Gehalt zu niedrig oder der Monat zu lang ist, die von Jahr zu Jahr immer mehr Abstriche von ihren Lebensträumen machen, bis sie am Ende überhaupt nicht mehr träumen und nur noch darum kämpfen, irgendwie über die Runden zu kommen? Ich habe mein Leben und meine Möglichkeiten schon ziemlich früh hinterfragt. Bereits als Lehrling im ersten Lehrjahr habe ich den Drang nach mehr verspürt. Den Drang, mein Leben zu verändern. Ich wusste nicht, wie das zu bewerkstelligen sein würde, und ich hatte keine Ahnung, wohin die Reise gehen könnte, aber das Bedürfnis nach Veränderung war da – permanent.

Das, was ich als Autoelektriker verdiente, reichte aus, um mir meinen Lebensunterhalt zu sichern. Aber von dem, was sonst noch an Fähigkeiten in mir steckte, hatte ich eine äußerst vage Vorstellung – nur eines wusste ich ganz genau, dass man alles lernen kann, was man für die Verwirklichung seiner Träume, Wünsche, Hoffnungen und Ziele braucht.

Nicht weil es schwer ist, wagen wir es nicht, sondern weil wir es nicht wagen, ist es schwer!

Lucius Aennaeus Seneca (römischer Dichter und Philosoph, gest. 65 n.Chr.)

Nehmen Sie sich ein Beispiel an den Erfolgreichen

Sie werden in diesem Buch einigen Menschen begegnen, die ihr Leben an einem bestimmten Punkt erfolgreich verändert haben. Nicht alle sind so berühmt wie Michael Schumacher, Tiger Woods, Franz Beckenbauer, Ex-Boxweltmeister Henry Maske, Thomas Gottschalk, Steffi Graf, Claudia Schiffer, Britney Spears oder Madonna. Aber eines haben sie mit ihnen gemeinsam: Sie sind ihrem Erfolg nicht davongelaufen, indem sie nach Ausreden und nicht nach Lösungen gesucht haben.

Das Leben eines Menschen ist das, was seine Gedanken daraus machen.

Mark Aurel (römischer Kaiser, 121–180 n. Chr.)

Siegertypen erkennen ihren Stern auch bei bewölktem Himmel!

Sie haben sich ihre Fähigkeiten und Talente bewusst gemacht und diese ganz konsequent genutzt. Sie haben ihr Leben verändert, indem sie im Vertrauen auf ihre innere Kraft Entscheidungen getroffen haben. Sie haben Ziele ins Auge gefasst und diese notfalls auch gegen den Widerstand ihrer Umgebung durchgesetzt – mit Mut, Einsatz, Leistung, Ausdauer, Risikobereitschaft und dem nie nachlassenden Willen zu handeln. Sie haben sich keine Ausreden gegönnt, keine Entschuldigungen, sind nicht die »Verpisserroute« gegangen, haben sich durch Misserfolge nicht abschrecken lassen. Sie haben vielmehr die Kraft der sich selbst erfüllenden Prophezeiung in positiver Weise genutzt. Ihr Credo lautet: »Ich schaffe es. Ich glaube an mich!«

Auch Ihre Einstellung zu Ihrem Leben wird sich durch diese Beispiele praktisch verändern. Lassen Sie sich von diesen Menschen zum Aufbruch in eine neue und erfolgreiche Phase Ihres Lebens anregen. Die hatten in den meisten Fällen dieselben Startbedingungen wie Sie. Oder sogar schlechtere. Ich habe in meinen Seminaren eine Reihe von Menschen kennen und bewundern gelernt, die ganz gravierende Nachteile und Behinderungen überwinden mussten, um an die Ziele zu gelangen, die sie sich in den Kopf gesetzt hatten.

Michael Schumacher – hartes Training, hervorragende Teamarbeit und ausgeprägter Kampfgeist sind die Grundlage seiner Siege.

Machen Sie sich bewusst, dass Sie sich in jeder Minute Ihres Lebens für Erfolg entscheiden können. Es müssen nicht immer erst die ganz alltäglichen Katastrophen des Lebens eingetreten sein – der Nervenzusammenbruch, das Magengeschwür, der Herzinfarkt, die Arbeitslosigkeit, die Scheidung –, damit wir in unserem Leben endlich etwas verändern. Dann ist es nämlich meistens zu spät.

Martina Ertl – nur wenige Wochen nach einem verheerenden Sturz gewann sie Weltmeister-Gold in St. Anton!

Es gibt keine Grenzen des Erfolgs

Sieger werden nicht geboren, sie schaffen sich ihren Erfolg selbst!

Menschen vorher wachzurütteln, sie zu bewegen, sie zu animieren, einen Schritt weiter zu gehen, als sie bisher gegangen sind, darin sehe ich meine Aufgabe und die Aufgabe dieses Buches. Ich will die Menschen auffordern, aus ihrer Komfortzone, aus ihrer Bequemlichkeitszone, aus ihrer Sicherheitszone auszubrechen und ein Leben anzustreben, in dem ihr ganzes Potenzial zum Tragen kommt. Das geht nicht von heute auf morgen, aber jeder, der dieses Ziel ernsthaft anstrebt, kann den Mut zur Entscheidung in sich wachsen lassen.

Ich habe bis heute vor über einer Viertelmillion Zuhörer/innen und Seminarteilnehmer/innen referiert. Am Anfang stand ich vor ganz kleinen Gruppen. Da saßen acht bis zehn Leute in einem Seminar. Diese Gruppen wurden von Jahr zu Jahr immer größer und die Seminare wurden immer mehr.

Begonnen habe ich zunächst in der deutschsprachigen Schweiz, in Liechtenstein, in Österreich und in Deutschland. Dann habe ich mir gesagt: „Mirko, es gibt keine Grenzen!“ Und ich habe Seminare in Italien gehalten, mit Dolmetscher. Ich spreche zwar Italienisch, aber für Seminare hätte das damals nicht ausgereicht. Dann bin ich nach Spanien gegangen. Ja, ich habe sogar schon mehrmals in Australien Seminare abgehalten. Das ist ein Wachstumsprozess, der mit mir selbst zusammenhängt, den ich von mir fordere. Dafür lerne ich ständig dazu!

Wenn ich heute an den Beginn meiner Seminararbeit zurückdenke, hätte ich mir nie vorstellen können, vor mehr als 40 oder 50 Zuhörern zu referieren. Es gab sogar eine Zeit, da ich Schwierigkeiten hatte, mir vorzustellen, dass ich jemals vor mehr als zwei, drei fremden Menschen sprechen würde, denn als Kind litt ich unter einer ziemlich starken Sprachstörung und musste lange Zeit täglich zum Unterricht in eine Sprachheilschule.

Es dauerte lange, bis mein Gegenüber keinen Regenschirm mehr aufspannen musste, wenn ich versuchte, ein S oder ein SCH auszusprechen. Meine damalige Sprachlehrerin wäre ziemlich verblüfft, wenn sie erfahren würde, dass es heute für mich selbstverständlich ist, vor 6000 bis 8000 Menschen zu sprechen.

Genauso selbstverständlich ist es mir geworden, im Ausland Seminare zu halten und Menschen in anderen Ländern dafür zu begeistern, ihr Leben zu verändern. Das Interessante daran ist:

Es ist völlig egal, auf welchem Kontinent die Menschen leben, welche Hautfarbe sie haben, welcher Religion sie angehören. Überall treffe ich auf das Bewusstsein, dass es noch mehr geben muss im Leben als das, was man bisher erreicht hat.

Fantasie ist alles. Es ist die Vorschau auf die kommenden Ereignisse des Lebens.
Albert Einstein

Den Durchbruch erkennen, den Durchbruch wagen, den Durchbruch schaffen

Da gibt es Leute, die sich jahrelang durch die tägliche Mühsal des Lebens gequält haben. Sie haben aus lauter Frust abends viel mehr getrunken, als ihnen gut tat. Sie haben sich dann regelmässig am Morgen viel zu spät aus dem Bett gewälzt oder auch ganz verschlafen, wenn sie zur Arbeit gehen mussten. Sie haben viel blaugemacht, ja, sie haben mehr oder weniger absichtlich riskiert, rausgeworfen zu werden. Kurz, sie waren nie richtig begeistert und motiviert. Dennoch oder vielleicht gerade deshalb wollten sie eine Veränderung in ihrem Leben herbeiführen.

Es gibt keine faulen Menschen, nur solche, die keine klaren Ziele haben.

Anthony Robbins, Trainerkollege

Viele solcher Menschen waren in meinen »erlebnisorientierten Trainings«. Das sind Seminare, bei denen es darum geht, zu erfahren: »Wo will ich überhaupt hin? Was sind meine Träume?« Und vor allem: »Was steckt alles in mir drin? Wozu bin ich fähig?«

Jeder Mensch hat das Talent und die Begabung, um das zu erreichen, was er sich in den Kopf gesetzt hat. Aber warum leben die allermeisten Menschen dann bestenfalls ein durchschnittliches Leben? Warum bescheiden sie sich mit dem Notwendigsten? Warum haben sie die Träume und Visionen, die sie einmal von ihrem Leben hatten, tief in ihrem Inneren begraben? Sind daran wirklich nur die Beschränkungen schuld, die uns unsere Umgebung auferlegt? Liegt es nicht daran, dass wir innerlich den Platz akzeptiert haben, den uns andere widerwillig zugestehen?

Wenn das so ist, dann müssen wir als Erstes die Vorstellung, die wir von unserem Leben haben, verändern, weg vom Mittelmaß und hin zu Spitzenleistungen. Ich könnte vielleicht so gut Golf spielen wie Tiger Woods. Vielleicht wäre ich auch in der Lage, einen Tennisstar wie Andrew Agassi zu schlagen. Aber wenn ich noch nie einen Golfschläger oder ein Tennis-

Die wahre Natur des Menschen ist Vollkommenheit. Deren bewusster Ausdruck ist vollkommene Gesundheit von Geist und Körper.
Yesudin

racket in die Hand genommen habe, weiß ich natürlich nicht, ob diese Fähigkeit wirklich in mir drin steckt. Ich könnte an einem Triathlon teilnehmen und vielleicht sogar beim »Ironman« mitmachen – wenn ich mich entschließen würde, hart und ausdauernd zu trainieren.

In jedem Menschen steckt ein Gewinner

Steffi Graf – 377 Wochen die Nummer 1 im Frauen-Spitzentennis. Die Regelmäßigkeit, mit der sie ihre Siege errang, ließ viele vergessen, wie viel harte Arbeit dahinter steckte.

»Entscheide dich jetzt!« bedeutet für mich, ich muss mich bewusst für das Leben entscheiden, das dem Potenzial meiner Persönlichkeit entspricht. Mit meinem Potenzial verhält es sich aber nicht anders als mit dem Golfspielen oder dem Tennisspielen. Ich kann die Größe meines Potenzials, meiner Persönlichkeit nur dann entdecken und erfahren, wenn ich in Aktion trete und meiner Entwicklung eine Chance gebe. Deshalb ist es so wichtig, dass Sie den ersten Schritt tun!

Ich weiß von den vielen, vielen Menschen, denen ich in meinen Seminaren schon begegnet bin: In jedem Menschen steckt ein Gewinner. Er oder sie muss nur herausfinden, ob er oder sie sich auf dem richtigen Spielfeld bewegt. Dazu muss man oft erst tief verwurzelte Blockaden und Selbstbegrenzungen überwinden.

Mir haben Menschen erzählt, dass sie in meinen erlebnisorientierten Trainings in der Hochseilgartenanlage in der Nacht, bevor sie auf den 15 Meter hohen Pfahl (den so genannten Pampers Pole) klettern und sich auf seine Spitze stellen sollten, vor lauter Angst kein Auge zugetan haben. Als sie aber diese Angst überwunden und die Herausforderung geschafft hatten, waren sie wie ausgewechselt. Sie stürzten sich förmlich in die Veränderung ihres Lebens.

Tu das, wovor du Angst hast, und der Sieg über die Angst ist dir gewiss.
Mirko Ribul

Einige von ihnen berichten in diesem Buch, welche unglaublichen Erfolge sie erreicht haben, indem sie die Erfahrung, dass auch das scheinbar Unmögliche zu schaffen ist, dass sie sich selbst positiv beeinflussen können, in ihren Alltag hineingenommen haben.

Deshalb will ich auch Sie ermutigen, Ihr Potenzial herauszufordern. Ja, ich will Sie vor allem dazu ermutigen, mehr aus Ihrem Leben zu machen. Es kann doch einfach nicht sein, dass man acht Stunden am Tag dahinvegetiert, vierzig Jahre lang, dass man sich am Ende aus diesem Leben verabschiedet und nie herausgefunden hat, wozu man eigentlich fähig gewesen wäre.

Wer immer nur das tut, was er schon kann, wird immer das bleiben, was er schon ist!

Ziehen Sie den Gedanken, dass Ihr Leben in ganz anderen Bahnen verlaufen könnte, nicht einfach nur in Betracht. Nehmen Sie den Schwung, den Ihnen die Lektüre dieses Buches verleihen wird, mit in Ihren Alltag.

Mirko Ribul,
im August 2003

Kapitel 1

Verlassen Sie Ihre Bequemlichkeitszone

Die meisten Menschen wünschen sich tief in ihrem Inneren, dass es ihnen besser geht, dass sie glücklicher leben als bisher, dass sie erfolgreicher sind im Beruf und mehr aus sich und ihren Fähigkeiten machen.

Sie wünschen sich, dass sie frei und unabhängig leben können, in Wohlstand, ohne Sorgen, ohne Angst vor der Zukunft. Es gibt wahrscheinlich keinen Menschen, der wirklich mit dem zufrieden ist, was er bisher in seinem Leben erreicht hat. Jeder erhofft sich eine Steigerung an Erfolg, an Zufriedenheit, an Glück. Immer bleibt diese Frage: »Was wäre alles noch möglich? Was könnte ich aus meinem Leben machen?«

Dazu zähle ich Sie und mich und alle Menschen, die ich in meinen Seminaren kennen gelernt oder in meinen Vorträgen erlebt habe.

Wenn das so ist, woher kommt es dann, dass so viele Menschen kaum einen Schritt weiterkommen auf ihrem Weg zum Glück, zum Erfolg, zur inneren Entwicklung? Dass sie in einem Zustand verharren, über den sie zutiefst unzufrieden sind? Ein Zustand, den sie nur ertragen können, weil sie ihre Ansprüche immer weiter zurückschrauben; gleichzeitig aber in diesem Zustand verharren, weil sie fürchten, jede Veränderung mache alles noch schlimmer. Aber das ist ein Trugschluss! Angst vor Veränderung ist eine sich selbst er-

Fragen Sie sich jeden Tag: »Was hält mich noch davon ab, alle meine Fähigkeiten voll zum Tragen zu bringen?«

füllende Prophezeiung. Wer die Veränderung scheut, lebt in der Gefahr, dass ihn die Umstände zu Veränderungen zwingen. Nur wer diese Angst überwindet, kann die Veränderungen positiv beeinflussen.

Erfolg hat nur, wer etwas tut, während er auf den Erfolg wartet.
Thomas Alva Edison (1847–1931), Erfinder

Wir leben in einer Welt des rasanten Wandels. Beinahe täglich verändert sich die Technik, die wir in unserem Alltag benutzen. 1993 wurde das Internet für den zivilen Gebrauch freigegeben. Heute ist es für uns bereits völlig selbstverständlich geworden, damit ständig die neuesten Nachrichten zu empfangen, Informationen auszutauschen und damit Handel zu betreiben. Was für eine Begeisterung löste es aus, als der erste Mensch den Mond betrat?

Heute startet – weitgehend unbeachtet – alle paar Wochen ein Space Shuttle. Nicht einmal die Inbetriebnahme der internationalen Raumstation ISS oder die Reparatur an einem Satelliten im Weltall löst noch großes Interesse aus.

Die Menge an Informationen, auf die wir durch das Internet Zugriff haben, verdoppelt sich jährlich. Wir wissen, dass die wirtschaftlichen und beruflichen Veränderungen, die damit verbunden sind, unweigerlich eines Tages auch uns erreichen werden. Wir wissen auch, dass wir nur dann erfolgreich sein können, wenn wir darauf in kreativer Weise reagieren und unser Verhalten in innovativer Weise verändern.

Die Vermeidungstaktiken

Dennoch versuchen viele Menschen, diesen Wandel und diese Veränderungen, so gut es geht, nicht wahrzunehmen oder ganz bewusst zu ignorieren. Sie stecken den Kopf in den Sand. Sie wollen am liebsten in ihrer gewohnten »Bequem-

Wagen Sie den ersten Schritt auf einen Boden, den vor Ihnen noch niemand betreten hat – wie Neil Armstrong und Edwin E. Aldrin, die zusammen mit Michael Collins am 20. Juli 1969 als erste Menschen auf dem Mond waren.

lichkeitszone« verharren. In dieser »Bequemlichkeitszone« bieten ihnen Gewohnheit und Routine eine scheinbare Sicherheit.
Was bedeutet überhaupt »Bequemlichkeitszone«? – Das ist die Zone, mit der sich Menschen in allen ihren Lebensbereichen umgeben, in der sie möglichst wenig verändern wollen. Die »Bequemlichkeitszone« entspringt dem Bedürfnis des Menschen, so zu bleiben, wie er ist, keine Veränderungen durchzuführen, auch um den Preis, dass er sich einschränken muss, dass er die Messlatte für seinen Lebenstraum, für sein persönliches Glück, immer tiefer legen muss.

Die Bequemlichkeitszone birgt oft ein hohes Gesundheitsrisiko!

Jeder Mensch, der sein Leben verändern und vor allem verbessern möchte, muss sich die Frage stellen:

Wo ist meine ganz persönliche Bequemlichkeitszone?

Bequemlichkeitszone Beruf

Schlimmer als Schwierigkeiten ist die Tendenz, sie zu vermeiden.
Emil Oesch

Wie steht es mit Ihrer beruflichen Tätigkeit? Leben Sie in dem Bewusstsein, dass Sie genau das tun, was Ihnen und Ihren Fähigkeiten, Ihren Interessen und Vorlieben entspricht? Oder verrichten Sie eine Arbeit, die Ihnen von Jahr zu Jahr weniger Freude bereitet? Wird diese berufliche Tätigkeit so bezahlt, wie Sie glauben, dass Sie es verdient haben, oder nagt der ständige Zorn über eine viel zu geringe Honorierung Ihrer Leistung an Ihnen? Und was sind die Gründe, warum Sie nicht den Aufbruch in einen anderen Beruf oder vielleicht sogar in die Selbstständigkeit wagen?
Tja, da sind ein paar nette Kollegen, mit denen Sie seit Jahren zusammenarbeiten und denen es auch nicht besser geht

als Ihnen. Außerdem ist das mit dem Weg zur Arbeit wirklich sehr praktisch. Die Verkehrsverbindung ist günstig und gelegentlich können Sie mit einem der Kollegen mitfahren. Eine Veränderung würde diese Annehmlichkeiten zunichte machen.

Kommt Ihnen das irgendwie bekannt vor? Kennen Sie diese Antworten, mit denen Sie die bohrenden Fragen in Bezug auf Ihren Beruf und Ihre Bezahlung beschwichtigen?

Es gibt natürlich noch eine ganze Reihe von anderen Gründen, die Sie daran hindern, irgendetwas an Ihrem an sich unbequemen Zustand zu ändern. Da ist das Häuschen, das abbezahlt werden muss. Wie könnten Sie da riskieren, einige Monate ohne festes Einkommen zu sein? Da ist es schon besser, wenn Sie sich ein wenig einschränken, ein sparsameres Auto kaufen, auf die Spritztouren am Wochenende und vor allem auf die großen Urlaube verzichten. Da sind die Kinder, die noch zur Schule gehen, die Großeltern, die in der Nähe wohnen, der Fußballverein, wo Sie dringend als Kas-

Rufen Sie in sich alle Kräfte wach, die Sie für eine positive Veränderung in Ihrem Leben benötigen.

Sich nicht entscheiden, bringt Menschen schnell an die Grenze ihrer Leistungsfähigkeit.

senwart gebraucht werden. Wie könnten Sie da einfach den Job wechseln oder sogar in eine andere Stadt ziehen?
Fallen Ihnen nicht noch Dutzende von Gründen ein, warum Sie bisher in Ihrem beruflichen Leben vieles ertragen haben, so unbefriedigend es auch sein mag? Oder haben Sie Ihre Bequemlichkeitszone in einem anderen Bereich?
Da gibt es Unternehmer, die nichts mehr unternehmen, um ihre Firma an die Veränderungen der Branche anzupassen, die sich damit zufrieden geben, dass sie früher einmal erfolgreich waren. Sie verhalten sich wie ein Spitzensportler, der aufgehört hat zu trainieren, der sich damit begnügt, von Zeit zu Zeit die Pokale, die er einmal gewonnen hat, aus dem Schrank zu nehmen und sich an längst vergangene Siege zu erinnern.

Eine neue Akquisitionsstrategie

Wer beruflich erfolgreich bleiben will, muss ständig aus seiner Bequemlichkeitszone heraustreten.

Ich kenne Vertriebsleute, die lieber Mailings aussenden, als die Kunden selbst anzusprechen. Ja, auch das ist eine Form von Verharren in der »Bequemlichkeitszone«, wenn man nicht den Mut aufbringt, direkt auf seine Kunden zuzugehen. Ein großer Autohersteller hat die gegenteilige Strategie im Verkauf seiner Autos angewandt. Die Marketing- und Werbeleute hatten die Erfahrung gemacht, dass die überzeugendsten Mailings häufig ungeöffnet im Papierkorb landen. Da beschlossen sie, dass die Vertriebsmitarbeiter in Deutschland Tausende von potenziellen Kunden persönlich anrufen sollten. Die ganze Vertriebsmannschaft brach aus ihrer Bequemlichkeitszone aus. Der Erfolg war überwältigend. Plötzlich erzielten sie Absatzerfolge, die keiner im Unternehmen für möglich gehalten hatte.
Wo haben Sie Ihre Bequemlichkeitszone im Beruf? Wo bleiben Sie lieber in der Routine stecken als neue, vielleicht unbequeme Wege zu gehen?

Bequemlichkeitszone Partnerschaft

Auch in der Partnerschaft laufen wir ständig Gefahr, unsere Bequemlichkeitszone auszuweiten. Miteinander reden ist seit Jahren auf ein Minimum reduziert.

Das Frühstück wird schweigend eingenommen. Abends kommen wir nach Hause, erwarten, dass das Essen auf dem Tisch steht, verschwinden dann vor den Computer oder sitzen wortlos nebeneinander vor dem Fernseher. Gemeinsam ein Hobby ausüben, geschweige denn ein Gespräch führen, das die Partnerschaft vertieft – Fehlanzeige.

Das Herzklopfen, das wir früher einmal verspürt haben, wenn der andere nur den Raum betrat, ist lange vorbei. Wann haben wir zum letzten Mal dem anderen einen herzlichen Kuss gegeben?

Gelegentlich taucht der Gedanke auf, ob es nicht reizvoll wäre, sich einen anderen, neuen und aufregenderen Partner zu suchen, einen Menschen, mit dem wir uns über alles unterhalten können, einen Menschen, der Lebensfreude ausstrahlt und nicht Missmut über die täglich wiederkehrende Routine, einen Menschen, der nichts zu tun hat mit den Sorgen, die einen zugleich trennen und zusammenbinden.

Gerade im Bereich der persönlichen Beziehung ist die »Bequemlichkeitszone« unendlich groß.

Es ist nicht möglich, nicht zu kommunizieren.
Paul Watzlawick

Lebensfreude setzt ungeahnte Energien frei!

Sie müssten ja wählen zwischen einem echten Neuanfang in der Beziehung oder einer klaren Entscheidung für eine Trennung. Beides ist mit großen Unbequemlichkeiten und Risiken verbunden. Für einen echten Neuanfang, für eine tief greifende Belebung Ihrer Beziehung müssten Sie auf viele Bequemlichkeiten verzichten. Zum Beispiel nach dem Büro einen kleinen Umweg einplanen, um einen Strauß »ihrer« Lieblingsblumen zu besorgen. Sie müssten vor allem mehr darüber nachdenken, womit Sie Ihrem Lebenspartner eine Freude bereiten können, als darüber, wie Sie mit dem geringst möglichen Aufwand all das bekommen, was Ihnen angenehm ist.

Beleben Sie Ihre Partnerschaft jeden Tag neu

Wir können die Partnerschaften wechseln, aber wenn wir uns nicht selbst verändern, werden wir immer wieder am selben Punkt landen – bei unseren eigenen Schwierigkeiten.

Auch eine neue Partnerschaft würde, so reizvoll sie sein könnte, unendlich viele Unannehmlichkeiten und Risiken mit sich bringen. Vor allem könnte man ja nach kurzer Zeit genau wieder bei dem Zustand landen, in dem man sich jetzt befindet.

Nur indem Sie sich nicht entscheiden, können Sie diese Bequemlichkeitszone aufrechterhalten. Nur indem Sie den Zustand schweigend so ertragen, wie er ist, können Sie erreichen, dass es keine Veränderungen gibt, die Sie vielleicht noch mehr belasten.

Schließlich sind da ja auch die schönen Seiten, die gelegentlich noch durchscheinen. Da sind die gemeinsamen Freunde, die Eltern, die Familie. Mir sagte mal ein Freund einen ganz niederschmetternden Satz über die Bequemlichkeitszone in der Partnerschaft: »Ich bin froh, dass ich verheiratet bin. Heute wäre ich viel zu faul zum Suchen!« Wenn das keine Bequemlichkeitszone ist!

Aber die Bequemlichkeitszone geht bei manchen Menschen noch viel weiter. Ein typisches Merkmal für das Vorhanden-

sein einer beinahe unendlich großen Bequemlichkeitszone ist der Vergleich mit Menschen, denen es noch schlechter geht, im Beruf, im Bereich Gesundheit und natürlich auch in der Partnerschaft.
Eines Tages kam in einem Seminar eine Frau auf mich zu und klagte mir ihr Leid. Die Liebe zu ihrem Mann war nicht nur erloschen. Dieser Mann beschimpfte sie, erniedrigte sie bei jeder sich bietenden Gelegenheit, aber, viel schlimmer noch, er schlug sie auch häufig. Als ich sie fragte, warum sie nicht schon längst ausgezogen sei, antwortete sie mir resigniert: »Das geht nicht. Ich bin doch seit 20 Jahren weg von meinem Beruf. Ich habe überhaupt keine Chancen mehr, eine Stelle zu finden – und wenn ich es genau betrachte – wissen Sie, meiner Nachbarin geht es noch viel schlechter. Die wird auch von ihrem Mann geschlagen. Aber der ist zudem noch Alkoholiker und gibt das ganze Geld mit seinen Saufkumpanen aus!«
Was veranlasst einen Menschen, in dieser Art von Bequemlichkeitszone zu verharren? Wo bleibt die Selbstachtung? Warum erträgt ein Mensch ein solches Maß an Hoffnungslosigkeit? Was hält ihn davon ab, den ersten Schritt in ein neues, glücklicheres, erfüllteres Leben zu tun?

Bequemlichkeitszone Gesundheit

Die Bequemlichkeitszone Gesundheit geht häufig mit der im Beruf und in der Partnerschaft Hand in Hand. »Ich weiß, dass ich jedes Jahr zwei bis drei Kilo zunehme, aber es ist viel bequemer, neue Kleider oder neue Anzüge zu kaufen, als endlich den inneren Schweinehund zu überwinden und in ein Fitnessstudio zu gehen oder gar am Morgen vor der Arbeit aufzustehen und eine Runde zu laufen.
Wenn ich am Wochenende beim Wandern nach ein paar hundert Metern außer Atem bin, kann ich ja ein wenig

Die Menschen werden krank, weil sie aus Torheit alles tun, um nicht gesund zu bleiben.
Hippokrates

langsamer gehen! Warum sollte ich da meine Lebensgewohnheiten ändern oder meine Ernährung umstellen? Gemüse mag ja gesund sein, aber so ein knuspriger Schweinebraten mit Knödel und zwei, drei Bier dazu schmeckt einfach so gut. Warum sollte ich darauf verzichten?«

Ist das alles, was von prickelnder Lebensfreude übrig blieb?

So oder ähnlich klingen die Entschuldigungen vor uns selbst. Zwar wissen wir alle, dass Fast Food nicht gerade die gesündeste Art ist, sich zu ernähren, aber es ist halt so bequem, sich schnell einen Hamburger oder eine Pizza reinzuschieben und mit einem Cola oder einem Energy-Drink nachzuspülen.

Der Wille, erfolgreich zu sein, zeigt sich in ganz alltäglichen Situationen.

Und dann gibt es natürlich die vielen Rituale, die den Feierabend einläuten – den Sherry oder das Glas Bier, sobald man nach Hause gekommen ist, den Schluck zum Kochen und die Flasche zum Abendessen. Zum Fernsehen verspeisen wir tütenweise Salzstangen, Kartoffelchips oder die herrlichen Pralinen, von denen uns die Werbung den ganz besonderen Genuss verspricht. Wir spüren ganz deutlich, dass uns das auf die Dauer nicht gut tut, aber dennoch fehlt uns dieser innere Anstoß, darauf zu verzichten oder unsere eingefahrene Lebensweise durch bessere Gewohnheiten zu ersetzen.

Mit dem Rauchen ist es nicht anders. »Warum sollte ich mit dem Rauchen aufhören? Das gehört zu einem richtigen Tagesanfang. Am Morgen, wenn ich ins Büro komme, mit den Kollegen zusammen eine Tasse Kaffee trinke und dazu eine Zigarette rauche, sieht der Arbeitsbeginn gleich viel freundlicher aus. Später brauche ich die Zigarette zum Entspannen. Nach dem Mittagessen gehört sie sowieso zur Verdauung, ja, und am Abend beim Fernsehen ist es einfach so gemütlich,

gemeinsam mit meinem Partner zu qualmen, bis der Fernseher im Nebel versinkt!«
Sicher kennen Sie alle die Ausreden, mit denen Raucher ihr Gewissen beruhigen, auch wenn der Morgen regelmäßig mit einem lang anhaltenden Hustenanfall beginnt. Da ist der Großvater, der geraucht hat wie ein Schlot und dennoch achtzig Jahre alt wurde. Da gibt es sogar Ärzte, die einen mit dem beruhigenden Untersuchungsergebnis nach Hause schicken: »Nichts zu sehen! Ihre Lunge arbeitet völlig normal!«
Welcher echte Raucher würde eine so wunderbare Ausrede nicht dankbar annehmen? Sie ermöglicht es ihm, nichts an seinem bisherigen Verhalten zu verändern. Er kann in der Komfortzone seiner Abhängigkeit verharren.

Je mehr Sie an der Steigerung Ihrer Fähigkeiten arbeiten, umso schneller werden Sie ans Ziel gelangen.

Bequemlichkeitszone Wissen

Bleibt noch der Bereich Wissen, Interessen und Hobbys. Sie haben diese Situation sicher auch schon häufig erlebt. »Jedes Mal nehme ich mir im Urlaub vor, endlich Spanisch zu lernen, einen Sprachkurs zu belegen, um im Hotel oder in der

Hören Sie auf Ihre Eingebungen, vor allem, wenn es darum geht, Ihr Wissen zu erweitern!

Pension nicht wieder nur mit Händen und Füßen gestikulieren zu müssen und bei jedem zweiten Satz nicht verstanden zu werden.
Ich kaufe sogar Bücher, Kassetten oder CDs, die ich im Auto anhören kann. Und dann ist der Urlaub vorbei, der berufliche Alltag beginnt von neuem. Die Familie, die Freunde, das Fernsehen – all das ist irgendwie nicht mit den guten Vorsätzen zu vereinbaren!«
Die meisten Menschen sind sich der Tatsache bewusst, dass sie vor allem auch ihr berufliches Wissen ständig auf den neuesten Stand bringen müssten. Die Beförderung steht auf dem Spiel, der Auftrag bei einem langjährigen Kunden hängt, weil noch einige Informationen nachzuliefern wären. Aber auch dafür bleibt einfach keine Zeit. Außerdem ist dieser Kunde sowieso sicher. So beruhigen sie ihre Kollegen, ihren Chef und sogar ihr eigenes Gewissen.
Können wir unser eigenes Gewissen tatsächlich beruhigen? Bleiben da nicht die bohrenden Fragen, vor allem, wenn wir nachts aufwachen? Sind das nicht die Fragen, auf die wir die Antwort kennen, aber keine Konsequenzen daraus ziehen?

In der Wirtschaft, aber auch in allen anderen Bereichen des Lebens haben vor allem die Menschen Erfolg, die die Regeln der Branche verändern.
Mirko Ribul

Gerade im beruflichen Bereich, das wissen wir alle, ist diese Sicherheit trügerisch. Nicht nur internationale Studien renommierter Forschungsinstitute weisen immer wieder darauf hin, dass wir über eine Reihe von Schlüsselqualifikationen verfügen müssen, wenn wir dem Wandel gewachsen sein wollen. Dazu gehören

- Mut zur Veränderung
- Risikobereitschaft
- Teamfähigkeit
- Begeisterungsfähigkeit
- geistige Flexibilität
- Kreativität

In der Wirtschaft, aber auch in allen anderen Bereichen des Lebens haben vor allem die Menschen Erfolg, die die Regeln der Branche verändern. Regeln, die oft seit Jahren, wenn nicht schon seit Jahrzehnten den Fortschritt bremsen und den Erfolg verhindern. Vor allem auch unseren eigenen Erfolg. Deshalb stehen wir immer wieder vor der Frage, wie wir in kreativer Weise auch die Regeln unseres eigenen Handelns verändern können.

Das Rubicon-Prinzip

Vielleicht haben Sie den Begriff »Rubicon« noch nie gehört. Aber sicher kennen Sie den Ausdruck »Die Würfel sind gefallen!« (»Alea jacta est!«). Im Grunde bedeutet das, dass wir bereits einen Schritt weiter sind als bei der Aufforderung »Entscheide dich jetzt!«. »Die Würfel sind gefallen!« heißt »Ich habe mich entschieden – mit allen Konsequenzen!« Danach gibt es kein Zurück mehr, auch wenn die Situation noch so risikoreich ist.

Die Entscheidung fiel am Fluss

Der Ausspruch »Die Würfel sind gefallen!« führt uns weit in die Geschichte zurück, genau gesagt bis zu Julius Caesar, der bis kurz vor Christi Geburt das Römische Weltreich regierte und von dem die deutschen Kaiser und auch die russischen Zaren ihre Berufsbezeichnung ableiten.

Wie es zu diesem Ausspruch kam, geht auf einen der folgenreichsten Augenblicke der römischen, wenn nicht der Weltgeschichte zurück. Die historischen Fakten sind schnell erzählt: Im Jahre 50 vor Christus kehrte der erfolgreiche Prokonsul Gaius Julius Caesar aus Gallien zurück. Er hatte in Gallien glänzende Siege errungen, auch wenn das heute bei »Asterix und Obelix« ein wenig anders dargestellt wird. Caesar wollte erneut in Rom als Prokonsul wirken. Rom war zwar bereits das Machtzentrum der damals bekannten Welt, aber Caesar hatte noch viel fantastischere strategische Vorstellungen, was die Bedeutung Roms auf dem Erdkreis anbelangte. Dennoch war er in einer fatalen Situation. Ungeachtet seiner großen wirtschaftlichen Erfolge in Westspanien und seiner großartigen militärischen Erfolge in Gallien verlangte die römische Verfassung aus politisch wohl durchdachten Gründen, dass er allein – also ohne seine Legionen – nach Rom zurückkehre.

Der Entschluss fiel Caesar nicht leicht

Folgte Caesar diesem Gesetz – das die römische Demokratie vor der Machtübernahme durch siegreiche Generäle schützen sollte – und kehrte er als Privatmann nach Rom zurück, musste er mit einer Reihe von äußerst unangenehmen Prozessen wegen seiner Amtsführung, ja sogar mit dem Ende seiner politischen Laufbahn rechnen. Und damit nicht genug, auch zu dieser Zeit wurden besonders die Erfolgreichen vom Finanzamt verfolgt. Caesar musste mit hohen Steuerzahlungen rechnen, die je nach der politischen Stimmung so hoch ausfallen konnten, dass er sein gesamtes Vermögen verlor. Und Caesar hatte, wie alle Erfolgreichen – auch das ist nicht neu – eine Menge Neider gerade unter denen, die es nicht bis ganz an die Spitze geschafft hatten.

Wenn Caesar nun am Fluss Rubicon, am Rande der „Bannmeile" um Rom nicht sein Heer auflöste und seine Provinzen nicht dem Senat übergab, war er ein Hochverräter. Sein Widersacher Pompeius könnte mit ausdrücklicher Billigung des Senats gegen ihn mit militärischer Gewalt vorgehen.

Eine Entscheidung war in jedem Fall unumkehrbar! Caesar stand einerseits mit dem Rücken zur Wand. Ihm drohte der Absturz in die politische Bedeutungslosigkeit, in die Mittellosigkeit, ja in die Verbannung. Andererseits hatte er mit strategischer Voraussicht seine Gewährsleute in den wichtigen Positionen der römischen Verwaltung platziert. Er wusste also auch, dass niemand um diese Jahreszeit mit seiner Rückkehr rechnete. Das konnte er für einen nie da gewesenen Aufstieg nutzen.

Caesar nützte seine Erfahrung

In dieser extremen Situation kam ihm eines zugute: die Erfahrung, dass es ihm gelungen war, die widerspenstigen Gallier zu besiegen und in unvorstellbaren Gewaltmärschen sogar bis nach Britannien vorzudringen. Dieses Bewusstsein machte ihn entschlossen und risikobereit. Außerdem fühlte er sich mit seinen fünfzig Jahren auf dem Höhepunkt seiner geistigen und körperlichen Kraft. Er fühlte sich bereit, Grenzen zu überschreiten, die bisher niemand zu überschreiten gewagt hatte.

»Die Würfel sind gefallen.«

Er nahm dieses volle Risiko an, als er rief: »Alea jacta est!« Caesar traf am Rubicon die Entscheidung für die kämpferische Lösung. Er überschritt mit seinen Legionen den Rubicon und löste damit einen Bürgerkrieg aus, der vier Jahre lang die Existenz des Römischen Reiches bedrohte. Caesar war gezwungen, seine Gegner in einer Provinz nach der anderen niederzukämpfen. Am Ende dieser aufreibenden Kämpfe stand Caesar (wie seinerzeit Alexander der Große) auf dem vielleicht höchsten Machtpodest, das es bis dahin in der Menschheit gegeben hatte.

Die Überquerung des Rubicon – ein bedeutender Schritt.

Mit diesen unvorstellbaren Konsequenzen wurde die Entscheidung an dem kleinen, unbedeutenden Flüsschen Rubicon zum Symbol! Die lange Zeit des folgenden Kampfes zeigt auch, dass der Ausgang dieser Entscheidung keineswegs feststand. Die Überquerung des Rubicon bedeutete Eindringen in das für Militär verbotene Gebiet um Rom, einen Schritt ins völlig Ungewisse.

Einige von Ihnen werden jetzt vielleicht denken, na ja, ganz interessant, aber die Geschichte ist lange her, und außerdem wurde Caesar schließlich ermordet. Wozu also dieses Beispiel?

Eines ist ganz richtig: Beim so genannten Rubicon-Prinzip geht es nicht um eine historische Abhandlung. Wir müssen nicht wissen, wer Caesar über die Jahrhunderte auf dem römischen Kaiserthron folgte. Andererseits bedeuten 2000 Jahre nur 80 Generationen, wenn man ihre Abfolge im Schnitt mit 25 Jahren ansetzt. Und die Entscheidung am Rubicon hat Weltgeschichte gemacht. Wir können sie also ohne weiteres als ein Beispiel für weit reichende Konsequenzen nehmen, für Risikobereitschaft. Und vieles mehr.

Einfach hatte es Caesar nie gehabt.

Caesars ganzer Lebensweg war geprägt von schwierigen und verantwortungsvollen Positionen: Er stammte aus einer der reichsten römischen Adelsfamilien. Bereits im Alter von 19 Jahren leistete er Kriegsdienst im Osten des Römischen Reiches. Mit 27 wurde er Militärtribun. Mit 37 wurde er – auch das war möglich – Oberster Priester. Das scheint ihn nicht sehr ausgefüllt zu haben, denn mit 38 übernahm er wieder das zivile Amt eines Prätors, was einem Obersten Richter gleichkommt. Mit 41 bekleidete Caesar das oberste Amt im Staat – er wurde Konsul. Als Prokonsul bekam er die aufrührerische und daher noch nicht wirklich eroberte Provinz Gallien, das heutige Frankreich, übertragen und unterwarf sie in einem achtjährigen Kampf.

Aber auch die politischen Ämter waren keineswegs leichter auszufüllen als die des militärischen Anführers. Persönliche Verbindungen mussten aufgebaut und gepflegt werden. Nicht anders als der Mann an der Spitze eines globalen Unternehmens brauchte er verlässliche Weggefährten und Freunde. Hinzu kam das heute unvorstellbare Problem des Nachrichtenaustausches. Stellen wir uns nur vor, wie lange eine Nachricht von Alexandria in Ägypten bis Rom unterwegs war – befördert mit der Maximalgeschwindigkeit eines Pferdes und eines römischen Segelbootes. Ein Mann, der das im Griff hatte, musste ein Organisationsgenie sein, wenn er all die verschiedenen Faktoren richtig koordinieren wollte, die er bei seinem Handeln zu berücksichtigen hatte. Ist es da nicht vorstellbar, dass Caesar ein Mann war, von dem Führungskräfte, Menschen in entscheidungsträchtigen Positionen eine Menge lernen können?

Menschen in Führungspositionen können eine Menge vom Organisationstalent Caesars lernen.

Für mich steht deshalb der Name dieses unbedeutenden italienischen Flüsschens Rubicon vor allem für eines: entschiedenes, zielgerichtetes und mutiges Handeln auf der Grund-

lage klarer, analytischer Überlegungen. Er steht für das bewusste und kalkulierte Überschreiten von scheinbar unverrückbaren Grenzen, für Risikobereitschaft und für das absolute Vertrauen auf die eigene, kampferprobte Handlungsfähigkeit. Und was keineswegs gering zu veranschlagen ist: Ein Mann, der diese Entscheidung mit einiger Aussicht auf Erfolg treffen konnte, musste nicht nur ein Organisationsgenie sein, er musste – über Kontinente hinweg – ein Genie im Aufbau tragfähiger persönlicher Beziehungen sein!
Wenn wir die notwendige mentale Grundausstattung von Julius Caesar auf einen modernen Unternehmer, auf eine moderne Führungskraft, ja auf alle erfolgsorientierten Menschen übertragen wollen, können wir den Begriff „Rubicon" auch so buchstabieren:

Die wichtigsten Qualifikationen jeder Führungskraft

R – Risikobereitschaft
U – Überzeugungskraft
B – Beziehungsmanagement
I – Intelligenz
C – Creativität
O – Optimismus
N – Neugier

Genau diese Eigenschaften werden auch in modernen Untersuchungen über die idealen Kompetenzen einer Führungspersönlichkeit als wichtige Schlüsselqualifikationen identifiziert.
Denken Sie mal darüber nach, in wie vielen Situationen Sie schon an Ihrem persönlichen Rubicon gesagt haben: „Nein, das ist mir viel zu riskant. Das schaffe ich nie!" Oder gehören Sie doch zu denen, die die von anderen gesetzten Grenzen mutig und ohne zu zögern überschreiten? Um das herauszufinden, machen Sie doch einfach mal den Rubicon-Test.

Selbstaussagen	stimmt			
	immer	häufig	selten	nie
Wenn ich einen Entschluss gefasst habe, setze ich diesen sofort um.	x			
Ich verfolge meine Ziele konsequent.	x			
Ich formuliere meine Lebensziele immer schriftlich.		x		
Für mein persönliches Wohlbefinden führe ich mir täglich meine Lebensziele vor Augen.	x			
Ich kontrolliere täglich, ob ich meine Ziele erreicht habe.		x		
Auch wenn ich meine Ziele nicht immer verwirklichen kann, bleibe ich ruhig und gelassen.	x			
Ich gehe meinen Weg und versuche nicht, den Erwartungen anderer gerecht zu werden.	x			
Ich habe nie Angst, etwas vergessen zu haben.			x	
Ich schiebe nie etwas vor mir her.			x	
Ich kann Verlockungs- und Ablenkungssituationen gut widerstehen.	x			
Spaltensumme	6	2	2	
Multiplikation	x4	x3	x2	x1
Ergebnis	24	6	4	

Nachdem Sie die einzelnen Spaltensummen gebildet und mit dem entsprechenden Faktor („immer“ mit 4, „häufig“ mit 3, „selten“ mit 2 und „nie“ mit 1) multipliziert haben, addieren Sie nun die vier Ergebnisse zu Ihrem Rubicon-Wert:

Auswertung
Weniger als 10 Punkte: Sie haben einen Rechenfehler!
10 bis 18 Punkte: Ihr Rubicon-Wert ist sehr niedrig und Ihr Selbstmanagement vermutlich sehr ineffektiv. Wir empfehlen Ihnen dringend, das Reiss-Motiv-Profil (siehe Seite 159ff.) anzufertigen.
19 bis 28 Punkte: Auch Ihr Selbstmanagement könnte noch besser sein. Sie sind aber schon auf dem richtigen Weg. Dranbleiben – es lohnt sich!
29 bis 35 Punkte: Sie haben wenig Schwierigkeiten bei der Umsetzung Ihrer Ziele und praktizieren bereits lebenskluge Strategien. Gut so. Lassen Sie sich durch gelegentliche Rückschläge nicht ausbremsen. Die gehören dazu.
36 bis 40 Punkte: Glückwunsch! Aber aufpassen: Das Extreme ist meistens neurotisch und eine übertriebene Individuation wendet sich – laut C.G. Jung – wieder gegen das Selbst. Überkontrolle ist lästig und meist unproduktiv.

Lesen Sie mehr dazu unter www.rubicon.de und www.ribul.com

Quelle: Helmut Fuchs, Andreas Huber: *Das Rubicon-Prinzip.* Ein Selbstmanagement-Programm für mehr Handlungskompetenz und Entscheidungsstärke. Deutscher Taschenbuch Verlag, München 2003.

Hobbymaler auf dem Pont Neuf in Paris. Was macht es, dass ihre Bilder nie im Louvre landen werden?

Jeder Mensch ist kreativ, nur viele wissen es nicht!

Wenn wir uns die noch vor wenigen Jahrzehnten unvorstellbaren Errungenschaften der Verkehrs- und der Kommunikationstechnik, aber auch der Medizin, der Biologie, der Chemie, der Astronomie und der Raumfahrttechnik ansehen, können wir voll Bewunderung feststellen, dass wir Menschen die Fähigkeit besitzen, ständig unsere selbst gesetzten Grenzen durch den Einsatz schöpferischer Phantasie zu überschreiten und auszuweiten. Wenn ich sage wir, dann meine ich wirklich wir alle, jeden Einzelnen von uns, und natürlich auch Sie.

Viele Menschen unterliegen der irrigen Meinung, dass die schöpferische Fantasie nur einigen Auserwählten zur Verfügung steht. Diese Vorstellung ist schlicht und einfach falsch. Jeder Mensch ist kreativ. Das ist eine beweisbare Tatsache. Jeder Mensch verfügt über genügend Kreativität und schöp-

ferische Fantasie, um sein Leben aus der Langeweile, aus dem Frust und der Bequemlichkeit zu befreien.
Diese schöpferische Fantasie ist nur durch Angst vor Versagen, durch Ablehnung und Misserfolg, durch Angst vor Kritik und vor allem durch unser »Bequemlichkeitsdenken«, durch unser Verharren in der Sicherheits- und Komfortzone gelähmt.
Malen Sie sich mit Fantasie, Kreativität und Begeisterung ein neues Leben aus. Nehmen Sie sich jetzt sofort einige Minuten Zeit. Holen Sie sich Papier und einen Stift und denken Sie fünf Jahre voraus. Beantworten Sie sich selbst die Fragen:

- Wie habe ich es geschafft, so großen Erfolg zu haben und so viel Geld zu verdienen?
- Welches Ansehen genieße ich bei meinen Kollegen, bei meinen Freunden und bei meiner Familie?
- Wie habe ich es geschafft, in einer so glücklichen Partnerschaft zu leben?
- Wie sieht das Haus aus, in dem ich/wir lebe/n?
- Welches Auto fahre ich?
- Wie werde ich meinen Urlaub verbringen?
- Wie werde ich das Leben in vollen Zügen genießen?
- Wie werde ich in innerer und äußerer Unabhängigkeit leben?

Faulheit und Tatkraft sind uns allen von Geburt mitgegeben. Wir haben die Wahl, welche dieser beiden Eigenschaften wir in unserem Leben pflegen.
Tarthang Tulku

Ein wichtiger Schritt zum Erfolg

Fassen Sie einen Entschluss, der alle Zweifel an Ihren Fähigkeiten beiseite schiebt und der Ihnen zeigt, was für ein unerschöpfliches Potenzial in Ihnen steckt.
In meinen erlebnisorientierten Seminaren stelle ich immer wieder fest, dass die Teilnehmer gerade in Extremsituationen die effektivsten Erfahrungen machen. Die wenigsten Menschen würden sich zutrauen, einen 15 Meter hohen Pfahl

Extremsituationen verändern unser Bewusstsein!

hochzuklettern und sich oben aufrecht hinzustellen, um von dort aus, natürlich entsprechend gesichert, auf ein Ziel, ein Trapez oder einen Seilknoten, zuzuspringen. Die meisten schaffen es! Das begeistert mich immer wieder! Und vor allem begeistert es alle, die es geschafft haben.
Viele von ihnen haben mir hinterher berichtet, dass sich diese extreme Situation so in ihr Denken eingeprägt hat, dass sie plötzlich auch in der Lage waren, ihre Lebensziele tatkräftig und entschlossen in Angriff zu nehmen.
Wir alle wissen, dass Erfolg immer im Kopf beginnt. Doch bei den meisten Menschen scheitern die vielen guten Absichten und kreativen Ansätze, die zukunftsträchtigen Ideen und die Erfolgskonzepte nur zu oft an der Umsetzung in die Praxis. Kreative Ideen sind nur der Anfang aller Erfolge. Und Lebensträume sind nur Gedankenimpulse, die nebelhaft und vergänglich sind, solange wir sie nicht in ihre materielle Wirklichkeit umsetzen. Wirkliche Veränderungen beginnen mit dem ersten Schritt, mit dem Entschluss zu handeln.
Dazu müssen wir das Alte, das Gewohnte, die Routine und die Bequemlichkeit loslassen, den ersten Schritt tun, aus unserer Komfortzone heraustreten, alle Entschuldigungen und

faulen Ausreden konsequent abstreifen und mit voller Kraft und Energie auf unsere neuen Träume, Wünsche und Ziele zugehen. Dafür brauchen wir das Gefühl der absoluten Zuversicht. Diese Zuversicht wächst in dem Maß, in dem wir unsere Fähigkeiten herausfordern und Leistungen erbringen, die wir uns zunächst nicht zugetraut haben. Kleine Schritte im Alltag geben uns die Sicherheit und das Vertrauen, dass wir die großen Ziele erreichen werden. Das steigert unser Selbstwertgefühl und damit verändert sich unser ganzes Leben in positivem Sinn.
Den entscheidenden Anstoß suchen und sich aufzurütteln aus der »Bequemlichkeitszone« heißt deshalb vor allem kreativ sein und seine schöpferische Fantasie in Gang zu setzen.

Bringen Sie mehr Schwung in Ihr Leben

Dieses Aufrütteln beginnt tatsächlich mit dem Zustand unserer Physiologie, mit unserem Körper, denn offensichtlich haben unsere Bewegungen einen direkten Einfluss auf unseren emotionalen Zustand. Wenn man Tag für Tag vor dem Fernseher sitzt und sich alle die Talkshows ansieht, in denen Menschen aus einem Leben voller Schwierigkeiten und Hoffnungslosigkeit berichten, und sich selbst nicht bewegt, kommen depressive Gefühle fast zwangsläufig.
Wer hingegen viel Bewegung macht, geht oder joggt, wird schnell feststellen, dass es völlig unmöglich ist, sich nach einem fünf oder zehn Kilometer langen Waldlauf depressiv zu fühlen. Genauso wie es fast unmöglich ist, zu lachen und gleichzeitig negative, selbstzerstörerische Gedanken zu haben.

Körperliche Bewegung bringt auch den Geist in Schwung!

Unser körperlicher Zustand und unsere Mimik haben einen direkten Einfluss auf unser Denken, auf unsere Gefühle und dementsprechend auch auf unsere schöpferische Fantasie. Sicher kennen Sie die »Peanuts« von Charles M. Schulz. In

Das ist die
beste Art, im
Alltag in die Luft
zu gehen!

einem seiner genialen Comics zeigt Schulz, wie einfach es ist, sich selbst über seine Mimik und seine Körperhaltung negativ zu beeinflussen. Charlie Brown wird gefragt: »Was muss ich tun, dass ich mich so richtig mies fühle?« Die Antwort lautet: »Du musst nur den Kopf senken, dein Gesicht in Falten legen und Schultern und Arme hängen lassen. Du wirst sehen, es funktioniert hundertprozentig. Du fühlst dich augenblicklich richtig mies!«

Probieren Sie das ruhig mal selbst aus. Sie werden nicht in der Lage sein, in dieser negativen Haltung einen positiven Gedanken zu fassen. Aber es funktioniert auch in umgekehrter Richtung. Schließen Sie die Augen. Breiten Sie die Arme aus, legen Sie den Kopf in den Nacken und lächeln Sie das fröhlichste Lächeln, zu dem Sie fähig sind. Sie können sich dem warmen, positiven Gefühl, das spürbar durch Ihren Körper geht, gar nicht entziehen. Plötzlich befinden Sie sich mit Ihren Gefühlen in der Wirklichkeit, die Sie als erfolgreicher Mensch real erleben können. Überspringen Sie in Ihrer Fantasie die Wegstrecke, die Sie von Ihrem Ziel noch trennt. Spüren Sie, welche Veränderung in Ihrem Körper, in Ihrem Denken und in Ihren Gefühlen eingetreten ist?

Der Körper ist der Handschuh der Seele.
Samy Molcho

Welchen Schluss ziehen wir daraus? – Wir können unseren Körper ganz bewusst mit Energie aufladen, wir können unseren Geist und unsere Gefühle von allen negativen Einstellungen befreien, wenn wir den ersten Schritt tun und mit Hilfe unserer schöpferischen Fantasie und Kreativität unser Leben in Richtung Erfolg verändern.

In jedem Menschen steckt ein Gewinner

Wer wirklich zu den Gewinnern gehören will, muss herausfinden, ob er sich auf dem richtigen Spielfeld bewegt. Ich will Sie ermutigen, Ihr ganz persönliches und einmaliges Potenzial zu entdecken. Ich will Sie vor allem ermutigen, mehr aus

Wie möchten Sie durchs Leben gehen? Mit hängendem Kopf – oder aufrecht und strahlend?

Ihrem Leben zu machen. Das kann es doch einfach nicht sein, dass Sie acht Stunden am Tag dahinvegetieren, vierzig Jahre lang, dass Sie am Ende einfach den Löffel abgeben und nie herausgefunden haben, wozu Sie eigentlich fähig gewesen wären.

Welche Beispiele schweben mir da vor? – Alle, die auf dem Friedhof liegen, die mit 66 Jahren abmarschiert sind, mit Herzinfarkt, mit Nervenzusammenbrüchen, und wie die Krankheiten alle heißen, die die Menschen befallen, die mit ihrem Leben nie richtig fertig geworden sind, die nicht die optimale Einstellung zu sich selbst gefunden haben.

Auf der anderen Seite gibt es Spitzensportler, die eine ihrer Fähigkeiten voll ausgeschöpft haben, die dafür jahrelange Entbehrungen und hartes Training auf sich genommen haben. Ich bewundere aber vor allem Menschen, die schwere Nachteile überwunden und die Hoffnung nie aufgegeben haben. Ich nehme zum Beispiel Lance Armstrong. Er überwand seine schwere Krebskrankheit und wurde bisher fünfmal Sieger der Tour de France. Alle hatten ihn schon auf dem Totenbett gesehen. Nur er selbst hat sich nie aufgegeben und sich nie die

Ausrede gegönnt: »Da kann man halt nichts machen!« Die Einstellung zu unserem eigenen Leben wird sich durch derartige Beispiele praktisch verändern. Es muss nicht immer der Herzinfarkt, der Nervenzusammenbruch, das Magengeschwür oder sonst eine schlimme Krankheit sein, damit wir in unserem Leben endlich etwas verändern. Dann ist es nämlich meistens zu spät. Wir können als freie Menschen tatsächlich jede Minute bestimmen, unser Leben zu verändern.

Lance Armstrong beim größten Sieg seiner Laufbahn! Tour de France 1999 – Nur fünf Monate nach drei schweren Operationen und Chemotherapie hatte er 1996 wieder mit dem Training begonnen!

Ein überzeugendes Experiment

Sind Sie immer noch nicht bereit, den ersten Schritt zu tun? Dann gehen Sie mit mir gedanklich auf eine kurze Reise. Der Anlass: Sie haben die traurige Mitteilung bekommen, dass

Unser Leben können wir nicht einfach umdrehen und den »Sand« wieder zurücklaufen lassen.

unerwartet ein geliebter Mensch verstorben ist. Sie fahren zum Friedhof und begeben sich mit einer Reihe von Bekannten in die Aussegnungshalle. Sie betrachten die Trauer in den Gesichtern der Umstehenden. Als es Ihnen endlich gelingt, einen Blick in den offenen Sarg zu werfen, sehen Sie – sich selbst dort liegen. Alle Freunde und Verwandten sind gekommen, um Ihnen die letzte Ehre zu erweisen. Sie nehmen Platz in der Friedhofskapelle und warten auf den Beginn der Feierlichkeiten. Nachdem das Largo von Händel verklungen ist, beginnen die Reden. Einer spricht für die Familie. Einer drückt das aus, was Ihre Freunde für Sie empfunden haben. Ein Arbeitskollege charakterisiert Sie in Ihrer Berufswelt. Und zum Schluss spricht noch ein Mannschaftskamerad des Vereins, in dem Sie einen Großteil Ihrer Freizeit verbracht haben.

Anstatt immer nur das Beste zu wollen, sollten wir einfach anfangen, etwas Gutes zu tun!

Thornton Wilder (amerikanischer Dramatiker, 1897–1926)

Nehmen Sie sich die Zeit, gründlich darüber nachzudenken, was Sie von jedem dieser Redner gerne hören würden und inwieweit das mit Ihrer Lebenswirklichkeit übereinstimmt. Wie möchten Sie als Mensch beschrieben werden? Welche Leistungen möchten Sie besonders gewürdigt sehen? Und dann schauen Sie sich in diesem Kreis von Menschen um und überlegen Sie, was Sie diesen Menschen gegeben haben und was Sie ihnen noch gerne gegeben hätten, wenn Sie jetzt die Zeit noch einmal zurückdrehen könnten.

Ist die Situation, die Sie soeben visualisiert haben, geeignet, Ihre Bequemlichkeitszone von einem anderen Standpunkt aus zu betrachten? Wird sich Ihr Verhalten heute, morgen, übermorgen, in einer Woche, in einem Monat, in einem Jahr verändern, wenn Sie sich die zeitliche Begrenztheit dieses Lebens ganz deutlich vor Augen geführt haben?

Gelebte Träume werden Wirklichkeit!

Ich sehe meine Aufgabe darin, Sie vorher wachzurütteln, Sie zu bewegen, Sie zu animieren, einen Schritt weiter zu gehen, als Sie bisher gegangen sind. Ich will Sie unmissverständlich auffordern, auszubrechen aus Ihrer Komfortzone, sich auf die wahren Werte in Ihrem Leben und auf die Wünsche, Träume, Visionen und Hoffnungen zu besinnen, die einmal Ihr Handeln bestimmt haben.

Nicht nur Kinder dürfen träumen

Jeder Traum birgt eine Sehnsucht nach Verwirklichung.

Jeder Mensch lebt in seiner Welt voller Hoffnungen und Träume. Für Kinder ist das Leben voller Träume. Kinder wollen Piloten werden, Astronauten. Sie wollen die Welt verändern. Sie wollen auf den Mond und auf den Mars fliegen. Sie träumen davon, so reich zu werden wie Bill Gates.
Jeder von uns hat in dieser Weise geträumt. Aber kaum sind wir erwachsen, fragen wir uns: Wo sind alle diese großen Wünsche und Träume, diese großen Lebensentwürfe geblieben? Wer hat sie uns weggenommen? Wer hat unser Leben

auf das Normalmaß reduziert? Waren das die Eltern mit ihrer Erziehung zu dem, was rational vernünftig erscheint? War das die Schule, in der wir immer nur auf unsere Fehler aufmerksam gemacht wurden? Waren das die Lehrer, die selten ein Lob hatten für die Dinge, die uns wichtig waren und die wir wirklich gut gemacht haben? Warum haben wir uns so von einem System vereinnahmen lassen, das so träge ist und immer nur das vermittelt, was schon seit Generationen bekannt und als richtig anerkannt wurde?

Sind die Schuldzuweisungen an die Eltern, an die Lehrer, an die Gesellschaft, an die »Umstände« nicht nur Ausreden, mit denen wir unser Verharren in der Bequemlichkeitszone rechtfertigen?

Versetzen Sie sich in Gedanken in die Lebenssituation, die Sie einmal erreichen möchten.

Warum nehmen wir uns nicht die Freiheit, das von diesem System mitzunehmen, was brauchbar ist und was wir benötigen, was für unser Leben wichtig ist? Darüber hinaus bilden wir uns über Bücher, Kassetten und Seminare weiter. Warum suchen so wenige Menschen eine tragfähige Grundlage für einen echten Neuanfang, für ein spannendes und erfülltes Leben? Ist das die Angst vor dem Risiko, vor der Veränderung, vor der Ungewissheit, ob man sich nicht hier und da und dort die Fußsohlen verbrennen könnte, wenn man zu einem neuen Leben aufbricht?

Nehmen wir uns ein abschreckendes und zugleich ermutigendes Beispiel an den vielen Firmen, die so lange am Alten festgehalten haben, bis die Entwicklung über sie hinweggerollt ist.

Die Unternehmensleiter haben sich nicht um neue Techniken gekümmert. Sie haben sich nicht an neuen Methoden orientiert und nicht nach neuen Märkten umgesehen. Sie dachten: »Wir haben das nicht nötig! Das haben wir schon seit 20 Jahren erfolgreich praktiziert, warum sollen wir das ändern?« – All diese Firmen sind fünf Jahre später weg vom Markt. Sie werden aufgekauft, z.T. von Unternehmen, die viel später angefangen haben als sie. In dieser Gefahr steckt jede Firma, jedes Unternehmen und natürlich auch jeder Einzelne, der glaubt: »Ich brauche mich nicht zu verändern!«

Da gibt es unzählige Beispiele. Eines der spektakulärsten in der jüngsten Vergangenheit ist Mannesmann, das an das britische Unternehmen Vodafone verkauft wurde. Dabei war Mannesmann jahrzehntelang eines der deutschen Vorzeigeunternehmen. Wer hätte je gedacht, dass Rolls Royce, dessen Name für den absoluten Luxus beim Autofahren stand, verkauft werden würde? Wo war der Punkt, an dem sich diese Firmen nicht mehr weiterentwickelt haben? Der Punkt, an dem sie aufgehört haben, lebendig zu sein, sich nach vorwärts zu verändern? Der Punkt, an dem sie diesen kreativen Elan verloren und sich auf ihren Lorbeeren ausgeruht haben?

Jede Sekunde unseres Lebens birgt die Möglichkeit zum Entschluss für eine wunderbare Zukunft.

Warum ist fast die gesamte deutsche Unterhaltungselektronikbranche oder die einst weltweit führende deutsche Kameratechnik eines Tages von den Japanern aufgekauft oder einfach zur Schließung gezwungen worden? Welche geistigen Prozesse haben sich zum Negativen verändert, dass ein Unternehmen wie Grundig, das einmal Weltspitze war, mehrfach verkauft wurde? Wo war die beispiellose Dynamik geblieben, mit der sich Grundig nach dem Zweiten Weltkrieg aus einem kleinen Elektroladen zu einem »global player« entwickelt hatte?

Wer nicht mit der Zeit geht, geht mit der Zeit!

Das ist wie bei einem Baum. In dem Moment, in dem er aufhört zu wachsen, beginnt er abzusterben, auch wenn er noch ganz gesund und kräftig aussieht. Wenn wir zu träge geworden sind, um uns zu verändern, wenn wir keine Ziele mehr haben, wenn wir uns von unseren Visionen verabschieden, dann beginnt der Rückschritt und der Untergang.

Die Sprache drückt das Denken aus

Glauben Sie daran, dass Ihnen Ihr Erfolg wirklich zusteht!

Diese Ziellosigkeit und der Rückschritt zeigen sich auch in der Sprache. »Da kann man nichts machen. Ich habe mich damit abgefunden!« Das sind die schlimmen Sätze, mit denen Menschen ihre Resignation einleiten. In dem Augenblick, da sie sich eingestehen, dass sie sich mit einem Zustand abgefunden haben, haben sie die innere Kündigung für ihr Leben ausgesprochen. Alles, was dann noch kommt, ist nur noch eine »Abfindung«, aber keine lebendige Teilnahme. So wie Mitarbeiter ihrer Firma gegenüber eine innere Kündigung aussprechen und sich dann nur noch pro forma an der gemeinsamen Arbeit beteiligen – sie stehen außerhalb. Sie sind nur noch da, weil sie eine Rente oder eine Pensionskasse zu erwarten haben. Sie bleiben bei der Firma, weil sie schon zu alt sind und glauben, woanders keinen Job mehr zu bekommen. Ist das ein erstrebenswertes Leben, nur noch auf den Ruhestand zu warten? – Genauso steht außerhalb seines eigenen Lebens, wer sich mit einem unbefriedigenden Zustand abgefunden hat.

Warum reden sich Menschen so etwas ein? – Wo ein Wille ist, da ist auch ein Weg! Es ist natürlich nicht gesagt, dass wir dabei auf Rosen gebettet sind. Dieser Weg kann steinig und holprig sein, aber wichtig ist doch, dass jeder schaut, dass es ihm gut geht. Wenn nicht, muss er eben kündigen. Dann fährt er eine Zeit lang Pizzas aus oder verkauft am Strand Donuts.

Sprechen Sie nie die Sprache der Verlierer!

Die Sprache ist natürlich auch in anderen Zusammenhängen wichtig. Es gibt die typische »Verlierersprache«.

»Eigentlich sollte ich laufen gehen. Eigentlich sollte ich weniger Wein trinken. Eigentlich sollte ich noch einen Kunden anrufen!« Dieses »Eigentlich sollte ich ...« drückt aber schon von vornherein aus, dass es nicht getan wird.

»Ich werde es versuchen ...!« Das hören wir häufig von Mitarbeitern, denen wir eine neue Aufgabe stellen. »Ich werde es versuchen!« Darin steckt schon die Annahme, dass es höchstwahrscheinlich nicht klappen wird.

Durch diese Wischiwaschi-Sprache schützt sich der Sprecher selber, baut schon auf eine mögliche Ausrede, warum es nicht geklappt hat. »Ich werde es versuchen!« ist der häufigste Schlachtruf der Versager.

Das sind Menschen, die sich immer an anderen orientieren, die noch größere Verlierer sind als sie. Sie sagen sich: »Ich bin ja eigentlich gar nicht so dick. Es gibt Kollegen, die sind noch viel dicker! Ich bin nur zu klein für meine Breite oder für mein Gewicht.«

Oder: »Ich verdiene ja gar nicht so schlecht. Ich habe 1250 Euro. Mein Kollege verdient viel weniger!« Aber dass es Leute gibt, die 15.000, 20.000 oder 25.000 Euro pro Monat verdienen, ist für jemanden, der so spricht, gar kein Maßstab. Eine der Entschuldigungen lautet auch: »Ich kann ja gar nicht so viel Erfolg haben. Ich bin ja erst 29 Jahre alt.« Oder: »Ich kann nichts dafür, dass es mir immer so schlecht geht, dass ich immer so viel Pech habe...«

Ihr Erfolgsbewusstsein müssen Sie täglich trainieren, am besten mit vielen kleinen Erfolgen auch in scheinbar nebensächlichen Dingen.

Die Sprache der Gewinner

Ein wichtiger Schritt im Veränderungsprozess ist: Eignen Sie sich eine Gewinnersprache an. Seien Sie ehrlich mit sich selber. Analysieren Sie Ihre Defizite – ohne Wenn und Aber und seien Sie sich Ihrer Stärken bewusst (z.B. »Ich bin zuverlässig, ehrgeizig, loyal, ehrlich etc.«). Die Gewinnersprache beginnt mit Ausdrücken wie: »Ich habe ...«, »Ich kann ...«, »Ich will ...«. Bleiben Sie nicht bei der Selbstkritik stehen, sondern legen Sie sich einfach die Messlatte jeden Tag ein wenig höher.

Kapitel 2

Setzen Sie Ihre persönliche Messlatte höher

Auch wenn wir uns gerne hinter einer Fassade von scheinbarer Zufriedenheit verstecken, wünschen wir uns im Grunde unseres Herzens doch alle mehr oder weniger dasselbe, nämlich Anerkennung, vielleicht sogar Bewunderung, auf jeden Fall Liebe, guten Sex, ein Leben im Wohlstand ohne enge finanzielle Beschränkungen – eben Erfolg in allen Lebensbereichen. Und dieser Erfolg hängt nun mal sehr stark vom Geld ab.

Geld ist nicht alles. Ich nehme aber Geld gerne als Messlatte in der Umsetzung des geistigen Potenzials. Wenn Sie 1.250 Euro im Monat verdienen, dann setzen Sie für 1.250 Euro Ihr geistiges Potenzial um. Wenn Sie aber 12.500 Euro verdienen wollen, dann müssen Sie entsprechend höher Ihre Messlatte legen und einen entsprechend großen Teil Ihres geistigen Potenzials umsetzen.
Sie müssen Ihre Grenzen erweitern, Ihre Anlagen fordern und fördern. Ihr Leistungsvermögen steigern. Sie müssen sich verpflichten, Ihren Traum zu leben, ihn zu erarbeiten.

Die Leistung raufsetzen anstatt Ausreden zu suchen und den Standard herabzusetzen, das verändere ich im Denken meiner Kursteilnehmer.
Mirko Ribul

Dem Lebensziel verpflichten

Ein wesentliches Problem unseres Denkens, Fühlens und Handelns ist, dass wir oft in guten Ansätzen stecken bleiben, dass der große Schwung nachlässt und wir wieder genau da

stehen, von wo wir mit den besten Absichten aufgebrochen sind. Der große Wille zum Aufbruch erstickt im Treibsand des Alltags. Er geht wie eine Wanderdüne über unsere Hoffnungen und Träume hinweg und begräbt sie unter sich, wenn wir nicht Pflöcke einschlagen und uns vehement dagegen wehren.

Dieses Problem entsteht auch nach den anregendsten und motivierendsten Vorträgen, Powertagen und Seminaren. Deshalb war für mich die große Frage: Wie kann ich meine Kursteilnehmer auf ihr Ziel hin verpflichten? Alle Teilnehmer entwickeln ja im Lauf eines Seminars große und hoffnungsvolle Zielvorstellungen für ihr Leben. Aber das allein genügt nicht, wie wir alle wissen. Positives Denken bringt uns nur weiter, wenn es zum positiven Handeln führt. Die Träume von den schönen Zielen allein bleiben eine Fata Morgana, eine Luftspiegelung,

Geld ist nichts anderes als eine Form von Energie, die uns aus unserem Erfolg zuströmt!

die uns in die Irre führt. Daraus gibt es nur einen Ausweg: Mein Schwerpunkt in den Seminaren ist, dass die Teilnehmer nicht nur in positiver Weise Ziele entwickeln, sondern dass sie sich verpflichten. Sich selbst zu verpflichten ist allerdings meistens zu wenig, deshalb empfiehlt es sich, sich einer Bezugsperson (Pate, Buddy etc.) gegenüber zu verpflichten. Wir kennen alle den so genannten »inneren Schweinehund«. Der ist sehr schwer zu überwinden. Der ist sehr träge. Der verbraucht sehr viel Energie. Um den »inneren Schweinehund« zu überwinden, bedarf es eines starken Willens.

Das ist der größte Fehler: aus Angst vor Fehlern keine Entscheidungen zu treffen.

Was ist schlimmer als eine Verpflichtung, die wir nicht eingehalten haben? Das ist die Angst zu versagen, sich zu blamieren, die Angst, ausgelacht zu werden. In den Seminaren fordere ich deshalb die Teilnehmer auf, sich einen Partner zu suchen, dem sie erzählen, was sie jeweils erreichen wollen. Wie sie erfolgreich sein wollen.

Eine Verpflichtung eingehen

Dazu sind normalerweise nur fünf Punkte nötig:

1. Sie definieren genau, in welchen Lebensbereichen Sie noch mehr erreichen möchten.
2. Sie setzen Prioritäten, die mit Ihren Zielen in Einklang stehen.
3. Sie legen eine genaue Handlungsabfolge bis zum Erreichen Ihres großen Zieles fest.
4. Sie notieren alle Punkte schriftlich.
5. Sie tun den ersten Schritt und legen drei Aktivitäten fest, mit denen Sie beginnen.

Das positive Denken ist keine rosarote Brille, durch die wir uns ein trauriges Dasein schönreden. Positiv denken heißt, auch in schwierigen Situationen noch an einen Ausweg glauben.

Dann tauschen diese beiden Teilnehmer Name, Adresse und vor allem die Telefonnummer aus und verpflichten sich gegenseitig, in den kommenden 24 Stunden den ersten Schritt zu tun. Sobald jemand den ersten und den zweiten Schritt erledigt, wird er automatisch feststellen, dass sich in seinem Denken etwas verändert.

Veränderung in der gewohnten Umgebung

Wer sich seine Fehler nicht eingesteht, ist gezwungen, sie bis an sein Lebensende zu wiederholen.

Ab jetzt wird es schwierig. Sie kommen nach Hause, stoßen mit geballter Energie die Tür auf – und das Leben verläuft immer noch in den alten Bahnen. Der Partner, die Familie, die Freunde waren nicht drei Tage auf dem Seminar, wo sie Motivation und Lebensfreude getankt haben.

Und schon sind Sie wieder gefangen in Ihren alten Gewohnheiten, die bis jetzt den Erfolg verhindert haben. Allerdings haben Sie inzwischen einem Fremden, einem Menschen, den Sie nicht sehr gut kennen, erzählt, was Sie mit Ihrem Leben vorhaben. Und er hat Ihnen erzählt, was ihn bewegt und was er bewegen will. Dadurch erlegen sich diese beiden einen eigenen psychologischen Druck auf, weil sich ja keiner vor dem anderen blamieren will. »Was denkt wohl der andere von mir, wenn ich ihm 24 Stunden vorher erzählt habe, was für großartige Dinge ich in meinem Leben erreichen möchte, und dann tue ich nichts?«

Wir müssen uns unseren Zielen unwiderruflich verpflichten.
Mirko Ribul

Der fragt Sie z.B.: »Hast du jetzt den Anruf beim Anwalt schon getätigt? Hast du dich mit deinem Lebenspartner endlich ausgesprochen? Hast du das klärende Gespräch mit deinem Sohn schon in die Wege geleitet? Hast du dir dein neues Zeitplanungsbuch schon gekauft? Hast du deinen Internetanschluss schon bestellt? Hast du dich zu dem Computerkurs angemeldet?« Diesen Dingen haben Sie sich verpflichtet! Es gibt ja nichts Schlimmeres als sich vor fremden Leuten bloßzustellen.

»Was denkt der wohl von mir, wenn ich das nicht erledigt habe, nachdem ich ihm das 24 Stunden vorher hoch und heilig versprochen habe? Ich habe mein Wort gegeben. Ich habe ihm die Hand darauf gegeben«, geht dem Betroffenen dann durch den Kopf. Natürlich fordere ich die Teilnehmer im Seminar auf: »Sollte Ihr Partner seine Aufgaben nicht erledigt haben, dann müssen Sie ihm gehörig die Leviten lesen! Und genauso wird er es im umgekehrten Fall tun. Er soll Ihnen vor allem bewusst machen, was der langfristige Schmerz sein wird, wenn Sie sich nicht endlich an Ihre Aufgaben begeben. Dass Sie immer derselbe Versager bleiben werden, dass Sie immer noch in derselben Tretmühle stecken werden, dass Sie sich bis an Ihr Lebensende mit denselben Problemen herumschlagen werden, wenn Sie nicht endlich anfangen, auf Ihr Ziel hinzuarbeiten. Dass Sie auch die nächsten Jahre wie der Hamster im Rad laufen werden, wenn Sie sich nicht endlich entscheiden, den ersten, zweiten, dritten Schritt zu machen!«

Stopp, wenn Ihr Leben so aussieht! Sie können es ändern.

Begeistern Sie sich für Ihren Wandel zu einer erfolgreichen Persönlichkeit.

So verlängere ich die Ergebnisse des Seminars – und zwar langfristig. Vor allem, wenn ich die Teilnehmer quasi einen Vertrag aufsetzen lasse, in dem sie sich ihren Zielen verpflichten, einen Vertrag, den sie auch unterschreiben.

Wenn Sie wirklich etwas erreichen wollen, ist es notwendig, sich so aus dem Fenster zu hängen, dass es gar keinen Weg mehr zurück gibt. Dass Sie hinter sich alle möglichen Auswege abschneiden. Dass Sie keine Ausreden mehr suchen können. Das ist etwas, was ich jedem Teilnehmer empfehle. Wenn Sie sich ein großes Ziel setzen, beispielsweise: »Ich mache mich selbstständig und ich werde in meinem Bereich die Nummer 1 in der ganzen Region!«, dann sollten Sie sich in einer Form verpflichten, die unumkehrbar ist.

Kein Weg zurück

Die stärkste Verpflichtung, die Sie eingehen können, ist die gegenüber einem Menschen, von dem Sie sicher sein können, dass er jede Ihrer Schwächen sofort ausnutzen wird. Jeder hat sich doch meist im Lauf seines Lebens nicht nur Freunde geschaffen, sondern auch Menschen, mit denen man nicht sehr gut auskommt. Vielleicht gibt es auch irgendwo einen Feind, der Ihnen wirklich nichts Gutes will, der Sie auslacht, der Sie bei jeder Gelegenheit schlecht macht. Vielleicht ist das der Lehrer von früher, der immer gesagt hat: »Du musst froh sein, wenn du überhaupt durch die Schule kommst!« Oder ein ehemaliger Kollege, dem Sie bei einer Stellenausschreibung vorgezogen wurden und der seither keine Gelegenheit auslässt, üble Gerüchte über Sie auszustreuen.

Den Zustand völligen Einsseins mit Ihrem Lebensziel erreichen Sie nicht kampflos. Denn kein Lebensziel ist ohne Kampf mit sich selbst, ohne Mühe, Anstrengung und Selbstdisziplin zu erreichen.

Wenn Sie den anrufen und sagen: »Hallo, mein lieber …, hier ist …!«, dann ist der schon perplex, dass Sie ihn überhaupt anrufen. Und dann sagen Sie: »Junge, ich wollte dir nur sagen, dass ich mich selbstständig mache und bis zum Ende des nächsten Jahres das größte Unternehmen unserer Branche in der Stadt, im Land ... usw. besitze. Das wollte ich dir nur sagen, dass du vor Neid erblasst. Tschüss!«
Wenn Sie das Ihrem größten Feind erzählen, ist das ein persönlicher Antrieb an Verpflichtung. Stellen Sie sich vor, Sie machen das. Müssen Sie dann nicht ausbrechen aus Ihrem

Komfortbereich, aus Ihrer viele Jahre lang gehätschelten »Bequemlichkeitszone«?

Über eins müssen Sie sich im Klaren sein: In dem Moment, in dem Sie sich Ihrem Feind gegenüber verpflichtet haben, tickt die Uhr. Stellen Sie sich vor, was passiert, wenn Sie das nicht schaffen. Wird er Sie beobachten, in Ihrem Dorf, in Ihrer Stadt? Was wird er in der ganzen Stadt herumerzählen, wenn Sie sich in der Weise verpflichtet haben? – Das bedeutet, Sie bauen ein Umfeld an Verpflichtung auf, mit dem Sie jeden Tag konfrontiert werden. Das ist persönliche Verpflichtung der höchsten Stufe. Plötzlich sucht Ihr Gehirn nach Lösungen, wie Sie das schaffen. Plötzlich fallen Ihnen Wege, Hilfsmittel, notwendige Kontakte ein, weil Sie Ihre Ziele schriftlich notiert haben. Da lernen Sie die richtigen Leute kennen, die Ihnen weiterhelfen. Da stoßen Sie beim Zeitunglesen genau auf den Hinweis, der Ihnen schon lange gefehlt hat.

Sie können diese schriftliche Verpflichtung auch jemandem mit der Bitte übergeben, sie Ihnen drei oder vier Monate später zu schicken und Sie so daran zu erinnern.

Egal, welchen Weg Sie beschreiten werden, eines ist völlig klar: Wenn Sie Ihr Leben entscheidend verändern und verbessern wollen, müssen Sie aus Ihrer Bequemlichkeitszone ausbrechen! Sie müssen eine Grenze überschreiten, hinter der Sie sich in Ihrem ganzen bisherigen Leben verschanzt haben.

Die meisten Menschen sind zu sehr daran gewöhnt, außergewöhnliche Fähigkeiten und Leistungen immer nur bei anderen zu erwarten.

Die rote Linie

Die Bequemlichkeitszone, die Komfortzone, die Sicherheitszone, mit der sich ausnahmslos jeder von uns in allen Bereichen seines Lebens umgibt, ist uns in ihrer wahren Ausdehnung meistens nicht bewusst. Sie ist für die meisten von uns diffus, nicht greifbar, verschwommen. Sie können sie aber

ganz genau definieren, wenn Sie sich vorstellen, dass diese Bequemlichkeitszone von einer roten Linie umgeben ist. Das ist die Linie, die Sie normalerweise nicht überschreiten. Diese Linie ist markiert durch alle die »Glaubenssätze«, die Sie so verinnerlicht haben, dass Sie sie als natürlichen Teil Ihres Lebens betrachten.

Fragen Sie sich jeden Tag, wo Sie sich mit Ausreden und Ausflüchten selbst den Weg zum Erfolg verbauen.

Diese Glaubenssätze entstanden meist aus all den Beschränkungen, Wertvorstellungen und Blockaden (siehe auch Seite 240), die uns in unserer Erziehung auferlegt wurden oder die wir uns im Laufe der Zeit selbst auferlegt haben.
Die rote Linie ist die Grenze, innerhalb der wir uns »einigermaßen« sicher, geborgen und im Einklang mit unserer Umgebung befinden. Das ist die Linie, die uns insgeheim sagt, du bist gut für ein Monatsgehalt von 2.500 Euro. Oder du bist gut für den Posten eines Sachbearbeiters. Mit deiner

Ausbildung kannst du niemals Abteilungsleiter werden. Diese Linie hindert uns daran, auf die Traumfrau oder den Traummann unseres Lebens zuzugehen, »weil wir doch seit unserer Kindheit wissen, dass wir nicht besonders hübsch und nicht besonders intelligent sind und schon gar nicht die Traummaße haben, die einen solchen Partner beeindrucken könnten«.

Erkennen Sie Ihre Begrenzungen!

Überlegen wir einmal, wie viele ganz alltägliche Situationen wir erleben, in denen wir uns sagen: »Nein, das macht man nicht!« Oder: »Da könnte ich mich blamieren!« Situationen, in denen es überhaupt nichts kostet, diese unsichtbare rote Linie zu überschreiten, die ja wirklich nur in unserem Kopf existiert. Was kostet es – außer ein wenig Mut und Überwindung – zum Chef zu gehen und zu sagen: »Ich arbeite hier seit drei Jahren. Ich liefere gute Arbeit. Ich bekomme seit drei Jahren dasselbe Gehalt. Ich glaube, es ist an der Zeit, dass ich entsprechend meiner Leistung mehr bekomme!«

Der Gedanke an irgendeine Unvollkommenheit erzeugt eine solche. Allein Gedanken an Vollkommenheit können diese heilen.
Vivekananda

Das ist für viele Menschen doch schon die »mega-rote Linie«. Warum? Weil dieser Chef es verstanden hat, rote Linien zu ziehen, die die anderen nicht zu überschreiten wagen. Das ist zwar das Gegenteil von vernünftiger Mitarbeiterführung, aber dennoch ist das auch heute noch eher die Regel als die Führung aus dem Team heraus. Im Team zu führen bedeutet ja nicht, dass weniger Leistung erzielt wird. Ganz im Gegenteil. Es bedeutet nur, dass die Menschen, die als Mitarbeiter bezeichnet werden, auch in ihrer Mitarbeit und in ihren Rechten respektiert werden. Aber leider ist es in den meisten Unternehmen, auch in kleineren, immer noch so, dass die so genannten Mitarbeiter eher eingeschüchtert werden. Rote Linien, wohin Sie blicken.

Rote Linien in allen Lebensbereichen

Viele Menschen leben in einer Situation wie wenn sie mit ihrem Hinterteil 30 cm über dem Stuhl sind. Sie sitzen nicht mehr, aber sie stehen auch noch nicht. Das ist eine wirklich unbequeme Stellung. Aber sie glauben, dass das immer noch bequemer ist, als die rote Linie zu überschreiten.

Mirko Ribul

Es ist ganz erstaunlich, was für lange Listen zusammenkommen, wenn ich die Kursteilnehmer aufschreiben lasse, wo sie überall in ihrem Leben rote Linien sehen. Da tauchen häufig Punkte auf wie: »Gespräch mit dem Mann«, »Gespräch mit dem Vater«, »Freundin fragen wegen Heirat«, »Lebenspartner fragen wegen Familiengründung«.

All das sind rote Linien, mit denen wir uns selbst umgeben. Und diese vor uns hergeschobenen Entscheidungen sind unsere Energiefresser, auf die ich noch ausführlich zu sprechen komme.

Wer ganz offen und ehrlich zu sich selbst ist, erkennt, dass er in allen Lebensbereichen seine eigene rote Linie hat. Ich hatte zum Beispiel die rote Linie »ein Buch schreiben«. Wie lange habe ich das vor mir hergeschoben? Wie lange habe ich mich mit gut klingenden Ausreden umgeben, um nicht diesen ersten Schritt über meine rote Linie tun zu müssen? Da gab es Dutzende von anderen Arbeiten, die viel, viel wichtiger schienen. Ich konnte nie die Zeit dafür erübrigen, weil es wichtiger war, die Seminare vorzubereiten, wieder einmal richtig auszuspannen, weil ich schließlich Kraft für die Seminare sammeln musste usw. und so fort. Genauso bin ich auch mit dem EDV-Kurs verfahren. Ich wusste, wie wichtig er für mich war. Dennoch hatte ich die gute Ausrede: »Den brauche ich nicht. Ich stelle mir die Leute an, die das viel besser können, als ich es jemals lernen werde!« Jeder kennt diese roten Linien, mit denen wir unsere Bequemlichkeitszonen umgeben.

Die rote Linie der Anonymität

Bei vielen, vielen Menschen liegt eine dicke rote Linie zwischen ihnen und ihren Mitmenschen. Die Massengesell-

Brechen Sie aus aus dieser Anonymität! Schenken Sie Ihren Mitmenschen einfach ein Lächeln.

schaft, das Leben in den Großstädten verstärkt diese rote Linie zusehends. Wir leben sehr monoton. Wenn ich mir das Leben in den Städten wie Frankfurt, Hamburg oder Berlin anschaue, erschrecke ich über die Anonymität, in der die meisten Menschen leben.

Jeder zweite Haushalt ist ein Singlehaushalt. Ist das nicht verrückt? Die Partnervermittlungen sprießen aus dem Boden. Warum? Weil die Menschen nicht mehr in der Lage sind, spontan auf einen anderen zuzugehen. Genau das müssen wir wieder lernen. Wir müssen auch lernen, den ersten Schritt aus unserer Komfortzone der Anonymität zu tun. Wir müssen die rote Linie zwischen uns und unseren Mitmenschen überschreiten, wenn wir tatsächlich mit ihnen und nicht nur neben ihnen leben wollen.

Lächeln ist die kürzeste Verbindung zwischen zwei Menschen! Probieren Sie es aus – noch heute!

Ein gutes Gespräch schafft mehr Atmosphäre als ein Sonnenuntergang.

Berührungsängste überwinden

Ein Teilnehmer erzählte mir von seiner Erfahrung, die er in einem meiner Seminare mit etwa 30 Leuten gemacht hat. Nun sind wir gewohnt, die Menschen, denen wir begegnen, in Sekundenschnelle einzuordnen. Der oder die gefällt mir, der ist mir weniger sympathisch und mit dem möchte ich überhaupt nichts zu tun haben. Der erste Eindruck entscheidet oft für ein ganzes Leben. Mit dem, der Ihnen sympathisch ist, stehen Sie bei jeder Gelegenheit zusammen, trinken Kaffee mit ihm und unterhalten sich. Während Sie anderen Menschen vielleicht nur freundlich zulächeln, um nicht selbst in der Gruppe zu viele Negativpunkte zu sammeln, aber auf Distanz bleiben. Und dann ist da einer in der Gruppe, der Ihnen ganz und gar nicht sympathisch ist. Sie vermeiden instinktiv jeden näheren Kontakt mit ihm. Doch dann beginnen die ersten Übungen, zum Beispiel das Umsortieren der Gruppe auf dem flach liegenden Baumstamm. Oder bei der Übung, bei der man sich von einer kleinen Plattform aus eineinhalb Metern Höhe rückwärts fallen lassen muss, wo es ganz unvermeidlich ist, den anderen zu berühren, ihn aufzufangen oder auch von ihm aufgefangen zu werden. Sie müssen ihm vertrauen, ob es Ihnen angenehm ist oder nicht. Sie spüren, wie Ihre Berührungsängste allmählich verschwinden. Am Ende des ersten Seminartages stehen Sie mit ihm ganz normal beisammen, trinken vielleicht sogar ein Bier mit ihm, tauschen ein paar Erfahrungen aus. Er fängt an, von sich und seinem Leben zu erzählen, und

Aus ehrlichem Interesse entsteht lebendige Kommunikation, Sympathie und letztlich Erfolg.

plötzlich hat sich Ihre Einstellung verändert. Sie sind nun nicht gerade dick mit ihm befreundet, aber Sie sehen ihn plötzlich als einen Menschen, der mit sich und mit seiner Angst auf dem Hochseil kämpft, der Mühe hat, auf den Baumstamm zu klettern, aber der sich überwindet. Und all das macht ihn plötzlich sympathischer, weil Sie in ihm Ihre eigenen Schwierigkeiten wiederfinden

Den notwendigen Mut und die Stärke für unsere Erfolge gewinnen wir aus der Überwindung unserer Selbstbegrenzungen.

Das Überschreiten der roten Linie kann man üben!

In einigen Seminaren baue ich ganz bewusst Übungen zum Überschreiten der roten Linie ein. Dafür ist es natürlich notwendig, gewisse Regeln aufzustellen, denn das Überschreiten der roten Linie ist ja nicht gleichbedeutend mit dem Überschreiten von Tabuzonen.

Spielregeln für das Überschreiten der roten Linie

1. Das, was Sie tun wollen, können Sie frei wählen.
2. Die Länge der Zeit, während der Sie die rote Linie überschreiten, ist nicht begrenzt.
3. Die Grenzen der Ästhetik sollten nicht überschritten werden.
4. Schieben Sie das Überschreiten der roten Linie nicht auf. Sie müssen es hier und jetzt tun.
5. Tun Sie nichts auf Kosten Ihrer Mitmenschen. Sie dürfen andere nicht bloßstellen oder deren Tabuzonen verletzen. Und Sie dürfen nichts Zerstörerisches tun.
6. Tun Sie nichts, wobei Sie sich verletzen könnten. Es hat keinen Sinn, wenn sich jemand stark genug fühlt, in Karatemanier ein Brett oder einen Ziegelstein zu zertrümmern – und sich dabei den Arm bricht.

Das ist ein bisschen wie bei der beliebten Fernsehsendung »Versteckte Kamera«. Auch da sieht man, wie weit Menschen gehen und wo ihre Grenzen sind. Da sagt jemand zu einem anderen im Lokal: »Können Sie mal schnell mein Kind halten?« Und nach zwei Stunden ist der immer noch nicht zurück. Oder zwei Fremde sitzen an einem Tisch im Café, und einer der beiden beugt sich plötzlich vor und tunkt sein Nusshörnchen in des anderen Kaffeetasse. Dazu sagt er so ganz nebenbei: »Mit Kaffee schmeckt's einfach besser!« Stellen Sie sich vor, wie Sie in einer derartigen Situation reagieren würden. Dann können Sie sicher nachvollziehen, dass einiges Selbstvertrauen nötig ist, um das zu ertragen.

Vertauschen Sie doch einfach mal die Rollen. Raus aus der Bequemlichkeitszone und mitmachen statt zuschauen!

Das sind natürlich Schauspieler in der Blamierer-Rolle, mit denen solche Szenen gedreht werden. Aber dennoch zeigen einem diese Szenen, wie weit man eigentlich gehen kann.

Sie können sagen, das alles ist Humbug. Dennoch erhalte ich als Feedback von meinen Kursteilnehmern, dass sie an derartigen Herausforderungen ganz enorm wachsen. Sie haben dabei nicht nur gelernt, wo ihre eigenen Grenzen liegen und wie sie diese verschieben können. Sie haben auch gelernt, wo die Grenzen bei anderen Menschen liegen und dass auch diese zu verändern sind.

Erfolg entsteht nur durch Mut zum eigenständigen Denken.

Ich habe in meinen Kursen Menschen erlebt, die standen auf, kamen nach vorne und schauten mir einfach nur tief in die Augen. Das war für sie schon das Höchste an Selbstüberwindung. Ein junger Mann legte eine Platte auf und sang dazu vor der ganzen Gruppe. Manche haben einfach stumm Grimassen geschnitten. Andere haben sich auf den Tisch gestellt und über ein selbst gewähltes Thema referiert.

Das sind vor allem Übungen, die Vertriebsleute sehr schätzen, denn sie sind von Berufs wegen ständig gezwungen, rote Linien zu überschreiten. Ein Vertriebsmann weiß genau: »Ich müsste heute terminieren. Aber noch habe ich genügend Geld in der Tasche. Und solange ich noch genügend Geld habe, brauche ich mir doch den Stress nicht antun und Termine machen!«

Wenn du Erfolg haben willst, lege einfach deine Messlatte höher!

Mirko Ribul

Gewinnen durch Veränderung der Strategie

Um gerade Vertriebsleute an dieses Überschreiten der roten Linie heranzuführen, habe ich z.B. bei einem Seminar in Luzern eine Übung gemacht, bei der ich den Teilnehmern alles abgenommen habe. Geld, Brieftasche, Kreditkarten, alles. Die Aufgabe war nun, dass sie sich Geld beschaffen mussten, um wieder nach Hause zu kommen. Sie durften aber nicht betteln. Sie mussten jemanden mit ihrer Geschichte so überzeugen, dass er ihnen das nötige Geld lieh, und sie mussten es selbstverständlich wieder zurückgeben. Sie mussten also dessen Adresse und vielleicht sogar seine Bankverbindung erfragen. Sie sollten den Betreffenden auch gar nicht anlügen, sondern ihm wahrheitsgemäß berichten, dass sie an einem Seminar für Vertriebsleute teilnähmen, dass ihnen alles abgenommen worden sei und sie nun kein Geld mehr für die Rückfahrt hätten. Die meisten Seminarteilnehmer schafften diese Vorgabe.

Es gab aber auch welche, die saßen eineinhalb Stunden in einem Café und haben überlegt, wie sie es anstellen könnten, dass sie an das notwendige Geld kom-

Wecken Sie Ihren Hunger nach Lebenserfolg. Warten Sie nicht länger darauf, dass sich Erfolg von selbst einstellt oder dass ein glücklicher Zufall alle Ihre Wünsche und Träume erfüllen wird.
Werfen Sie alle Ausreden, mit denen Sie bisher Ihr »Nichthandeln« vor sich und vor anderen entschuldigt haben, über Bord. Genehmigen Sie sich keinen Handlungsaufschub mehr. Beginnen Sie mit einem kleinen Erfolg – heute, noch besser jetzt!

men. Andere zogen einfach los und kamen mit 400 oder 500 Franken zurück.

Was ist, wenn andere die rote Linie vorgeben?

Eine weitere Übung zum Überschreiten der roten Linie ist z.B., zu zweit auf die Straße zu gehen und innerhalb einer Stunde zehn Menschen anzusprechen mit der Frage: »Was halten Sie von Seminaren?« Oder: »Wie wichtig sind Seminare für Sie?«

Warum lasse ich diese Übung zu zweit machen? Das hat einen ganz einfachen Grund. A sucht für B die Leute aus, die er ansprechen muss, denn sonst setzt B seinen Standard ganz tief und sucht sich Leute aus, die schwächer sind als er. Aber A sucht für B natürlich Leute aus, die einen stärkeren Eindruck machen.

Die rote Linie ist eine Angstschwelle, die wir überwinden müssen!

A hat dann keine Zeit mehr, sich zu überlegen: »Soll ich das tun oder nicht?« Dieser A hat sich bisher vielleicht immer davor gedrückt, Leute anzusprechen. Nun hat er innerhalb einer Stunde zehnmal die Erfahrung gemacht hat, dass ihm nichts Schlimmes passiert ist, dass er vielleicht sogar ganz angenehme Gespräche geführt hat, dann hat er für die Zukunft ein ganz anderes Programm in seinem Kopf.

Feedback von der Front

Wenn die Teilnehmer nach einer Stunde zum Treffpunkt zurückkommen, dann lasse ich sie folgende Übung machen. Ich sage: »So, jetzt schließt mal die Augen und ertastet beide Hände, ob die noch da sind. Dann die Nase, die Ohren, der Kopf!« Und dann sage ich: »Sehen Sie, es ist gar nichts passiert. Sie leben noch alle!«

Viele malen sich vorher die schrecklichsten Szenen aus, was alles passieren kann, wenn sie auf der Straße wildfremde

Menschen ansprechen. Sie erkennen bei dieser Übung, dass sie in dem Moment, wo sie jemanden ansprechen, mehr Selbstvertrauen haben als der Angesprochene. Der andere würde sich das vielleicht nie trauen, und deshalb bleibt er stehen. Denn in dem Moment, wo Sie jemanden ansprechen, signalisieren Sie, dass Sie stärker sind als er. Falls er vorbeiläuft, signalisiert er, dass er schwächer ist als Sie. Denn er will sich dieser Situation, dieser Konfrontation nicht stellen. Damit schult jeder Teilnehmer seine Fähigkeit, fremde Menschen anzusprechen, sie in ein längeres Gespräch zu verwickeln und vor allem lernt er, seine »Berührungsängste« abzubauen.

Die roten Linien werden nicht weniger, wenn wir aufsteigen. Sie werden dicker, zum Teil auch scheinbar unüberwindlicher. Für einen ganz normalen Menschen ist es gar nicht so problematisch, mit einem anderen Menschen den altbekannten Scherz mit der Uhr zu machen: »Können Sie mir sagen, wie spät es ist?« Und wenn er uns die Auskunft gegeben hat, zu sagen: »Richtig, das habe ich auch!« Aber stellen Sie sich vor, denselben Scherz erlaubt sich der Vorstandsvorsitzende eines bekannten Unternehmens oder ein bekannter Fernsehmoderator. Da stehen die Hürden wesentlich höher.

Erlebnisorientierte Seminare bringen es auf ganz natürliche Weise mit sich, dass wir die roten Linien zwischen uns und unseren Mitmenschen überschreiten.
Mirko Ribul

Die wichtigste Pizza meines Lebens

Ich selbst teste natürlich auch immer wieder meine rote Linie. Auf Seminaren wurde ich an Haustüren geschickt. Ich musste klingeln und fragen, ob ich etwas zu essen haben könnte. Oder ich musste Leute darum bitten, dass ich bei ihnen duschen darf. Da musste ich richtig raus aus meiner Komfortzone.

Eine dieser Übungen zum Überschreiten der roten Linie war besonders schwierig. Wir mussten zu dritt losziehen. Jeder

hatte also zwei Kontrolleure. Das bedeutete, dass wir nicht die so genannte »Verpisserroute« wählen konnten.
Ich überlegte mir eine echte Herausforderung und beschloss: »Ich gehe jetzt in Köln zum Bahnhof, wo die Penner herumliegen, und suche einen, den ich zum Essen einlade!«
Ich ging auf den ersten Penner zu, mit dem festen Entschluss: »Den lade ich zum Essen ein.« Der saß da, die Flasche in der Hand, schon ein wenig angetrunken. Als ich ihn fragte, ob er mit mir essen gehen möchte, kam prompt die Antwort: »Ne, ich hab keinen Hunger! Aber du kannst mir das Geld da lassen und ich kaufe mir dann was zu essen!« Da sagte ich: »Nein, entweder jetzt oder nie!«

Es gibt keine Situation im Leben, in der man nicht wieder aufstehen kann, auch wenn die Vorzeichen noch so ungünstig sind.

Ich bekam also von diesem Penner ein Nein! Das konnte ich überhaupt nicht verstehen. Meine beiden Begleiter beobachteten das von Ferne und haben natürlich gefeixt. Die sahen, dass ich eine Abfuhr bekommen hatte. Wie oft würde man da im Normalfall aufgeben? Wahrscheinlich nach dem ersten Mal. Aber ich dachte: »Jetzt erst recht!«
Dann ging ich also zum Zweiten. Der sagte mit total versoffener Stimme: »Willst du mich foppen?« Es gab keine Möglichkeit, zu seinem Bewusstsein durchzudringen. Im Untergeschoss des Hauptbahnhofs fand ich schließlich einen, der auf einer Bank saß. Er hatte zwei Pullover an, eine dicke Jacke drüber und eine abgetragene Motorradhose. Um sich verstreut eine Reihe von Tragetaschen voll Zeug, das er irgendwo aufgesammelt hatte. Der sah wirklich ganz wild aus, vor allem mit seinem langen Bart.
Geistig hatte ich mich schon darauf eingestellt, dass der erste, der Ja sagt, mich einen guten Tausender kosten würde, denn ich dachte, der wird das Angebot ausnützen und mit mir in den nobelsten Schuppen der ganzen Stadt gehen. Dort wird er dann Wein und Champagner und das feinste Fünf-Gänge-Menü verspeisen. Und noch einen Schnaps. Und noch einen Schnaps.

Ich fragte also den Penner mit dem langen Bart, ob er mit mir essen gehen wollte. Er antwortete: »Sie wollen mich einladen? – Da muss ich erst meine Sachen einsammeln!« Der hatte ein Tempo drauf, da sind mir fast die Beine eingeschlafen. Ich beobachtete ihn und dachte: »Ist das zu fassen. Da hat einer ein Essen in Aussicht, vielleicht nach Wochen das erste warme Essen, und dann lässt sich der so unendlich viel Zeit!« Das war für mich ein wichtiger Lernprozess.
Nach einer Weile sagte ich zu ihm: »Sie können sich aussuchen, wo Sie hingehen wollen, das Teuerste, das Billigste, ganz egal! Worauf haben Sie Lust?« – Er zögerte. Es kam einfach keine Antwort. »Also wollen Sie Fleisch oder Fisch? Wollen Sie asiatisch, mongolisch oder chinesisch essen? Japanisch, mexikanisch?« Dann sagte er nach einer langen Pause: »Ne, ich glaube, das mag ich alles nicht!«

Ein schönes Ambiente, oder? – Hätten Sie den Mut, hier mit einem Obdachlosen zu speisen?

Zu viele Menschen leben in dem Gefühl, dass sie Gefangene eines anonymen Schicksals sind.

»Ja, wollen Sie gutbürgerliche deutsche Küche oder wollen Sie eine Pizza?« – Da strahlte er über das ganze Gesicht: »Wow, eine Pizza habe ich schon seit Jahren nicht mehr gegessen!« – Da war ich völlig perplex. Dinge, die sich unsereins jeden Tag leisten kann, hatte dieser arme Kerl seit Jahren nicht mehr gegessen.

Dann sind wir also in die nächste Pizzeria. Ich habe ihm, wie sich das für einen Gastgeber gehört, die Tür aufgehalten, und wir sind rein. Man kann sich kaum vorstellen, wie das ganze Personal diesen Penner gemustert hat. Aber als ich hinterherkam, im Anzug und Mantel, und auf Italienisch fragte, ob sie einen Tisch hätten für uns zwei, da verstanden sie die Welt nicht mehr. Dann haben wir uns also an den Tisch gesetzt, eine Pizza bestellt, gegessen und getrunken. Die Ober verhielten sich genauso, wie man das erwarten konnte. Sie bedienten immer mich, ihn schauten sie nur mit großen Augen an.

Ich begleitete ihn dann wieder zu seinem Platz zurück und traf mich mit meinen Kollegen. Die hatten niemanden gefunden, der sie zum Abendessen begleitet hätte. Damit waren sie nicht allein. Von 30 Seminarteilnehmern hatten sich 15 vor der Aufgabe, etwas Ungewöhnliches zu tun, erfolgreich gedrückt.

Was hat dieses Pizzaessen für mich bewirkt? Zunächst mal, dass ich gegenüber meinen Kollegen die Angst vor der Blamage, die Angst zu versagen, abgelegt habe. Dieser Abend hat mein Bewusstsein gestärkt: »Mich kann nichts erschüttern!«

Dennoch weiß ich eines: Ich habe schon viele »Grenzüberschreitungen« der roten Linie unternommen. Ich habe beim Feuer-

Ein Extremfall der Bequemlichkeitszone

Nach einer Weile fragte ich meinen Gast, wie er in diese Situation gekommen sei. Es war eine ganz alltägliche Geschichte. Erst war die Frau weg, dann die Freundin und mit beiden auch sein Geld. Dann verlor er die Arbeit, weil er total frustriert war. Und dann ist er eben durch das soziale Netz gefallen. Fertig. Außerdem habe er einfach zu wenig Kraft gehabt, für ein besseres Leben zu kämpfen.

lauf mitgemacht, ich habe Stangen gebogen, aber trotzdem gibt es auch für mich jeden Tag Situationen, in denen ich die rote Linie überschreiten müsste – und es nicht tue.

Was kann ich dagegen beziehungsweise dafür unternehmen? Wiederum gilt es zuerst einmal, gewisse Strategien zu entwickeln, wie ich mich selber ganz bewusst überwinde, eben aus der Komfortzone auszubrechen respektive einen Schritt über die rote Linie zu tun. Dabei liegt die Bedeutung auf »bewusst«. Mich bewusst entscheiden, mehr aus meinem Leben zu machen, bewusst Ängste zu überwinden – also genau das tun, vor dem ich mich fürchte oder was ich vor mir her schiebe.

Das bringt Selbstvertrauen, erhöht das Selbstwertgefühl und hilft mit, mich selber immer mehr zu akzeptieren als eine Persönlichkeit, die nicht länger von ihren »Trottprogrammen« gesteuert wird. In der Schweiz nennen wir solche Menschen gern auch »Trottel« – weil sie tagein, tagaus in ihren festgefahrenen Bahnen verharren.

Die »Trotzmacht des Geistes«

Auf Seite 240 werden wir nochmals auf diese Thematik eingehen bei der Erfolgsspirale von Anthony Robbins. Das Geheimnis eines Ausbruchs aus einem solchen »Trottprogramm« liegt darin, dass es meist nicht genügt, nur mit dem Verstand zu »wollen« – genauso wenig wie es den wenigsten Menschen gelingt, nur mit ihrer Willensanstrengung einzuschlafen. Hier möchte ich als Strategievorschlag das Beispiel eines der ganz Großen der Psychologie anführen: Prof. Dr. Viktor E. Frankl, der Arzt und Psychiater, der Jahre des Konzentrationslageraufenthalts überlebt hatte, merkte, dass er unter Höhenangst litt. Daher setzte er seine eigene »Trotzmacht seines Geistes« ein und wurde Bergsteiger.

Kapitel 3

Leben Sie Ihren Traum

Was heißt das, wenn Sie sich entscheiden, Ihren Traum zu leben? Wie sieht dieser Traum überhaupt aus? Ist das der Traum von Glück und Erfolg, von einer wunderbaren Partnerschaft, von finanziellem Reichtum und materiellem Wohlstand? Was müssen Sie alles an sich und an Ihren bisherigen Gewohnheiten verändern, wenn Sie diesen Traum finden und auch leben wollen?

Was wollen Sie überhaupt erreichen?

Eine amerikanische Lebensversicherung hat vor vielen Jahren mit einer Langzeitstudie begonnen und eine erste Umfrage durchgeführt. Befragt wurde eine Gruppe von 100 jungen Männern im Alter von 25 Jahren. Sie alle glaubten an den Erfolg im Leben. 40 Jahre später befragten die Statistiker den gleichen Personenkreis noch einmal und stellten fest:
36 lebten nicht mehr, 54 waren total pleite, 5 arbeiteten noch, 4 bezeichneten sich als wohlhabend und unabhängig. Nur einer von den jetzt 65-Jährigen war reich geworden.
Es hatten also nur 5 Prozent der Menschen den Erfolg erreicht, den sie sich wünschten. Macht Sie das nicht nachdenklich und betroffen? Was leiten Sie für sich daraus ab? Doch sicherlich die Frage:
»Wie schaffe ich es, zu diesen 5 Prozent erfolgreicher Menschen zu gehören?«
Das ist eine der entscheidenden Fragen, wenn nicht die entscheidendste Frage unseres Lebens. Viele Menschen spüren nur vage, dass sie in ihrem Leben, so wie es jetzt verläuft, unzufrieden und unglücklich sind. Sie können aber nicht ein-

Es gibt Leute, die träumen von besseren Zeiten, während andere aufwachen und sie verwirklichen!
Mirko Ribul

mal genau benennen, warum das so ist. Deshalb wissen sie auch nicht, wie sie es ändern könnten. Ich erkenne bei vielen Menschen, denen ich begegne, eine völlige Orientierungslosigkeit, was das eigene Leben anbelangt.

Unser Leben braucht einen Traum zur Orientierung

Wer sein Ziel nicht kennt, kann seinen Weg nicht bestimmen!

Häufig, wenn ich in meinen Seminaren oder auch nach Vorträgen mit Menschen über ihre Vorstellungen vom Leben spreche, dann bekomme ich zu hören: »Irgendetwas in meinem Leben müsste sich ändern. So macht mir das Leben keinen Spass!« Wenn ich dann frage: »Was müsste das sein?«, dann kommt erst mal ein tiefer Seufzer und ein Achselzucken. Ratlosigkeit breitet sich auf den Gesichtern aus: »Ja, das weiß ich auch nicht!«, »Das kann ich nicht so genau sagen!« – oder »Ich möchte gern mehr verdienen!«
Schon die Frage, wie viel mehr sie verdienen möchten, können die meisten Menschen nicht beantworten. Sie haben in ihrer Vorstellung eine Obergrenze von vielleicht 5.000 Euro im Monat. Die Tatsache, dass es Menschen gibt, die im Monat 10.000, 20.000 oder auch 100.000 Euro und mehr verdienen, kommt nicht einmal in ihren kühnsten Träumen vor. Menschen, die so viel verdienen, gibt es in ihrer Vorstellung nur in Hochglanzmagazinen und in TV-Serien, aber nicht im wirklichen Leben. Das wäre ihrer Meinung nach völlig unrealistisch.

Werden Sie zum Regisseur Ihres Lebenstraums

Die erste Frage für jeden, der Erfolg haben will, lautet deshalb: »Wo will ich überhaupt hin? Wie kann ich in meinem Leben diese Orientierungslosigkeit überwinden?« – Die Antwort ist ganz einfach: »Ich muss erst mal eine gründliche Analyse machen, was ich gerne erreichen möchte!« Es genügt einfach nicht zu sagen: »Ich möchte, dass es mir besser geht!« Sie brauchen also einen Traum, der Ihrem Leben eine Richtung gibt! Dieser Traum wird aber nur dann wirksam, wenn er ganz Ihrer Persönlichkeit, Ihrem Wesen, Ihren Fähigkeiten, Ihren Vorlieben entspricht. Diesen Traum können Sie auch nicht einfach von anderen kopieren. Denn Ihren Traum gibt es nur einmal. Und wenn es einen Menschen gibt, der ihn verwirklichen kann, dann sind einzig und allein Sie es. Sie sind dafür verantwortlich. Sie sind der Regisseur Ihres Lebenstraums.

Werden Sie Regisseur in den vielfältigen Programmen Ihres Lebens!

Was brauchen Sie, um glücklich zu sein?

Wie sollen Sie aber überhaupt wissen, was Sie glücklich macht? Wofür lohnt es sich, Ihre ganze Kraft, Ihre Energie, Ihre ganze Fantasie, Ihre Fähigkeiten, ja Ihr ganzes Leben einzusetzen?

Wir müssen unser Leben gelegentlich von außen betrachten, wenn wir zu neuen Standpunkten gelangen wollen.

Jeder Mensch hat eine einzigartige Berufung im Leben. Es gibt etwas, das er besser kann als irgendjemand anderes. Genau in dieser einzigartigen Berufung liegt die Chance zu seinem Lebenstraum, zu seinem Lebensglück. Diese Berufung zu finden und sie zu verwirklichen ist die eigentliche Aufgabe unseres Lebens.

Als Erstes müssen Sie eine Vision entwickeln: »Wie könnte mein Leben aussehen? Was würde mich glücklich machen?« Das ist keine einfache Aufgabe. Damit müssen Sie sich Tage, Wochen und Monate intensiv aueinander setzen.

Insgeheim wissen wir alle sehr genau, was wir für unser ganz persönliches Leben brauchen. Wir ahnen, was wir uns an Fähigkeiten aneignen müssen, was wir lernen müssen, um vorwärts zu kommen. Aber unser Geist ist häufig träge. Und auch unser Körper ist träge, wenn es um Veränderungen geht. Wir wollen nicht akzeptieren, dass wir einen Preis dafür zahlen müssen, wenn wir unseren Lebenstraum verwirklichen wollen.

Was ist der Preis für unseren Lebenstraum?

Der Preis ist ganz einfach: Wir müssen unser ganzes Leben daransetzen. Das ist wie bei einem Hochleistungssportler, der sich in den Kopf gesetzt hat, bei den Olympischen Spielen eine Goldmedaille zu erringen. Er muss sein ganzes Leben diesem Traumziel unterordnen, und zwar nicht bloß für ein paar Wochen oder Monate. Nein, Tag für Tag. Bis er es erreicht hat. Jeder Tag, an dem er nicht an der Verwirklichung dieses Traums arbeitet, wirft ihn zurück. Und sobald er diesen Traum aus den Augen verliert, ist er beinahe unwiederbringlich verloren.
Sind Sie wirklich bereit, mit dieser letzten Konsequenz zu sagen »Ich lebe meinen Traum«?

Eine musikbegeisterte Dame sagte zu einem Klaviervirtuosen: »Ich würde mein Leben dafür geben, wenn ich so spielen könnte wie Sie!« Seine kurze Antwort: »Genau das habe ich getan, meine Dame!«

Wo sind die Träume geblieben?

Wie viele Menschen hatten in ihrer Kindheit, in ihrer Jugend ganz konkrete Träume, Wünsche und Vorstellungen, was sie vom Leben erwarten. Leider werden die meisten im Verlauf ihres Lebens so konditioniert, dass sie gar nicht wagen, diese Wünsche auszusprechen, und vielleicht nicht einmal mehr, über ihre Wünsche nachzudenken.
Deshalb ist es wichtig, zuerst einmal festzulegen, wo Sie überhaupt hin wollen. Sie müssen eine Vision haben, wie Ihr

Leben aussehen könnte, was Sie glücklich machen würde, was Ihren ganzen Einsatz lohnen würde. Das ist wie ein langer Wunschzettel, den Sie für sich und Ihr Leben festlegen.

Was ich aus unerfüllten Wünschen gelernt habe

Ich weiß noch, wie das bei mir war. Ein paar Wochen vor Weihnachten sollte ich einen Wunschzettel zusammenstellen. Ich konnte aber noch gar nicht schreiben. Deshalb habe ich meine Wünsche meinem älteren Bruder diktiert. Ich hatte viele Wünsche und es wurde ein sehr langer Zettel. Diesen Wunschzettel habe ich dann meiner Mutter gegeben, damit sie ihn ans Christkind weiterreicht. Sie hat meinen Zettel in einen Briefumschlag gesteckt, zugeklebt und wir haben ihn gemeinsam aufs Fensterbrett gelegt. Ich habe ganz fest daran geglaubt, dass nachts die Englein kommen, diesen Zettel holen und meine Wünsche dem Christkind vortragen.

Verbinden Sie auch heute noch die freudige Erwartung mit Ihren Wünschen?

Dann kam der 24. Dezember. Wir mussten im Zimmer warten, bis es klingelte. Jetzt war das Christkind da gewesen! Unter dem Christbaum lagen viele Geschenke, und wir packten in Windeseile alles aus. Als alle Geschenke ausgepackt waren und wir gerade anfangen wollten zu spielen, kam mir plötzlich der Gedanke: »Ja, wo ist denn das Fahrrad, das ich mir auch noch gewünscht habe?«

Eine wichtige »Ent-täuschung«

Mir wurde plötzlich klar, dass die Englein gar nicht alles geliefert hatten, was ich mir gewünscht hatte. Das Christkind hatte meine Bestellung gar nicht richtig ausgeführt. Ich musste erkennen, dass ausgerechnet mein größter Wunsch nicht in Erfüllung gegangen waren – und war enttäuscht.
Im darauf folgenden Jahr konnte ich schon selber lesen und schreiben. Ich wusste auch aus eigener Erfahrung, wie wichtig es war, seine Wünsche ganz exakt festzulegen. Da habe ich dann auf meinen Wunschzettel geschrieben: *Hauptwunsch, siehe Versandhaus-Katalog S. 277, Fahrrad, Modell ..., Preis ...* . Dann schrieb ich: *Elektrische Eisenbahn, Marke Märklin, Zugwagen, Lokomotive, Schienen usw. Bestell-Nr. ..., Preis ....* Dann folgte noch eine Reihe kleinerer Wünsche. Ich habe mich wirklich sehr bemüht, bei diesen Bestellungen keine Fehler zu machen, denn ich wollte nicht wieder dieselbe Enttäuschung erleben wie im Jahr zuvor.
Wieder kam die Bescherung. Mit dem Klingeln sprangen wir auf, liefen vor die Tür und schauten. Aber das Christkind war nicht mehr zu sehen. Da sind wir ganz schnell zurück zum Christbaum, unter dem die Geschenke lagen, und haben ausgepackt. Ich bin im Kopf meine Bestellliste durchgegangen und habe sofort gemerkt, dass wieder viele Dinge gefehlt haben. »Du dummes Christkind, warum bringst du mir nicht alles, was ich bestellt habe?« Dann habe ich mich bei meinen Eltern bitter über die Unzuverlässigkeit des Christkinds beschwert.

In dem Moment, wo Sie der Enttäuschung nachgeben, haben Sie verloren.

Werden Sie Ihr eigenes Christkind

Das war für mich ein Schlüsselerlebnis. Ich sagte mir: »Christkind? Nein! In Zukunft bin ich mein eigenes Christkind. Ich werde für meine Wünsche selber sorgen. Ich werde

für meine Wünsche selbst eine Strategie finden, damit sie auch tatsächlich in Erfüllung gehen. Ich werde mich nicht einfach hinsetzen und warten, dass meine Wünsche irgendwann und irgendwie von irgendwem erfüllt werden.«
Ich bin seither vielen Menschen begegnet, die auch als Erwachsene immer noch an das Christkind glauben, wenn es um die Erfüllung ihrer Wünsche geht. Sie möchten Traumreisen machen, sie möchten ein schönes Haus oder ein ganz tolles Auto, sie wünschen sich einen Traumberuf. Aber das sind alles nur Wünsche, und weil sie nichts dafür tun, kommt auch die Lieferung nicht. Mit der Zeit wird ihre Wunschliste immer kürzer und es wächst die enttäuschende Gewissheit: »Ich bin nun mal nicht dafür geboren, reich und glücklich zu sein! Ich bin zu wenig intelligent, ich bin zu klein, ich bin zu dick. Ich hatte nicht das richtige Elternhaus, nicht die richtige Ausbildung. Ich hatte einfach schlechte Startbedingungen !«

Wenn Sie Erfolg haben wollen, müssen Sie die Unzufriedenheit hinter sich lassen und ein festes Ziel ins Auge fassen.

Schuster, bleib bei deinem Leisten?

Anstatt darüber nachzudenken, wie sie ihre Träume, Wünsche und Hoffnungen verwirklichen können, passen die meisten Menschen ihre Wünsche an ihre Brieftasche an. Das heißt, sie wissen genau, da drin sind im Monat 2.000 Euro oder Franken. »Da hat es keinen Sinn, wenn ich einen Ferrari Probe fahre. Denn für so ein Auto kann ich mir ja nicht mal den Sprit leisten, geschweige denn die Versicherung. Das lasse ich lieber sein. Das ist sowieso nichts für mich. Ich schau mir den nicht mal im Schaufenster an, weil ich sonst bloß unzufrieden werde!«
Sie trösten sich mit gut gemeinten Ratschlägen von Freunden, die schon vor ihnen ihre Träume aufgegeben haben. Sie begründen ihre »Bescheidenheit« mit Volksweisheiten wie: »Schuster, bleib bei deinem Leisten!« oder »Bleib im Lande und nähre dich redlich!«

Diese Versagerbotschaften dienen ihnen als willkommene Ausreden für den lebenslangen Aufenthalt in ihrer Bequemlichkeitszone. Damit verhindern sie nachhaltig, dass sie einen Traum ihres Lebens entwerfen, der sie wirklich glücklich machen würde und für den es sich lohnen würde, den vollen Einsatz zu bezahlen.

Befreien Sie Ihr Denken aus der Abwärtsspirale

Leben Sie Ihren Traum und verabschieden Sie sich von Ihren Ausreden.

»Leben Sie Ihren Traum!« bedeutet ein Umdenken, eine Veränderung der Grundeinstellungen und Glaubenssätze, nach denen Sie leben. Es bedeutet: »Befreien Sie Ihr Denken aus der Abwärtsspirale, auf der Sie Ihre Ansprüche immer tiefer schrauben, damit Sie Ihre Bequemlichkeitszone nicht verlassen müssen!«

»Leben Sie Ihren Traum!« bedeutet: »Hören Sie auf, davon zu träumen, dass Ihnen das Christkind oder irgendeine Glücksfee alle Ihre Wünsche erfüllt, ohne dass Sie etwas dafür tun müssen! Nehmen Sie Abschied von der Hoffnung, dass Sie im Lotto den Jackpot knacken und mit einem Schlag Ihre Probleme beseitigen können. Beginnen Sie, Ihre Träume, Hoffnungen und berechtigten Wünsche an dieses Leben in greifbare Wirklichkeit zu verwandeln!«

Dieser Entschluss setzt voraus, dass Sie sich wieder einen Traum schaffen, einen Traum, der ganz auf Sie und Ihre Wünsche und Bedürfnisse zugeschnitten ist.

Als das Leben noch voller Träume war

Früher, als wir noch Kinder waren, war unser Leben voller Träume. Als Kinder wollten wir Piloten werden, Astronauten, Weltumsegler. Wir wollten auf den Mond und auf den Mars fliegen – freihändig, einfach nur, indem wir die Arme ausbreiten. Wir wollten mit unserer Mannschaft Fußballweltmeister werden oder als Eisprinzessin ganz oben auf dem Treppchen stehen. Wir wollten die Welt verändern. Wir wollten reich werden wie Aladin mit der Wunderlampe. Wir träumten davon, einen vergrabenen Piratenschatz zu finden. Heute träumen Kinder vielleicht davon, so reich zu werden wie Bill Gates oder Paul McCartney.

Sobald wir anfangen, ernsthaft über unsere Wirklichkeit nachzudenken, spüren wir, dass die Grenzen dieser Wirklichkeit nicht nur fließend, sondern formbar sind.

Egal, wie die Träume im Einzelnen aussehen, für Kinder sind Träume die selbstverständlichste Sache auf der Welt. Kinder sagen sich auch noch nicht: »Meine Eltern verdienen zu wenig Geld, deshalb kann ich nicht Pilot werden!« Kinder lassen sich ihre Träume nicht von solchen Versagerbotschaften nehmen. Sie können daher völlig ungehindert die großartigsten Träume entwerfen.

Traum oder Ernst des Lebens?

Doch dann heißt es: »Jetzt beginnt der Ernst des Lebens!« Das bedeutet: »Hör auf zu träumen und erkenne die Realität!« Kaum sind wir erwachsen, fragen wir uns erstaunt: »Wo sind alle diese großen Wünsche und Träume, diese großen Lebensentwürfe geblieben? Wer hat sie uns weggenommen? Wer hat unser Leben auf das Normalmaß reduziert? Warum haben wir unsere Illusionen verloren?«

Man sollte nie so erwachsen werden, dass man nicht noch einer »ver-rückten« Idee nachjagt.

Die Veränderung der Wirklichkeit beginnt mit einer Idee.

Unser Programm wurde durch Erziehung, Schulbildung und Eltern geschrieben, bzw. wir haben es auch selbst geschrieben. Weil wir »erwachsen und vernünftig« werden wollten. Wir haben alle möglichen Informationen in uns aufgesogen, neben den guten natürlich auch viele schädliche. Informationen, von denen wir heute feststellen müssen, dass sie uns daran hindern, wirklich selbstständig und unabhängig zu werden und unser eigenes Leben zu leben, weil sie unsere Träume, Hoffnungen und Wünsche zunichte gemacht haben. Das ist der Grund, warum viele Menschen das Gefühl, ja die Überzeugung entwickeln, dass sie im Leben keine Optionen, keine Möglichkeiten haben. Der jugendliche Enthusiasmus macht der Einstellung Platz, dass es das Beste ist, alles so zu akzeptieren, wie es »das Leben« uns bietet.

Heute müssen wir erkennen, dass ein Leben ohne einen Traum, ohne Visionen, ohne Wünsche und Hoffnungen wenig Freude macht, und vor allem, dass ein Leben ohne Traum nicht erfolgreich sein kann, weil ihm die Erwartung auf positive Veränderungen und die Vitalität fehlen.

Wir spielen immer in der Premiere

Warum ist es so wichtig, dass wir uns endlich auf unseren Traum vom Leben besinnen? Ja, mehr noch, dass wir uns jetzt und heute dafür entscheiden?

Wir müssen uns der Tatsache bewusst sein, dass unser Leben auf einer zeitlichen Linie verläuft, die unaufhaltsam vorwärts geht. Jedes Jahr, jeder Monat, jeder Tag, jede Stunde, jede Minute und jede Sekunde, die hinter uns liegen, sind unwiederbringlich durch die Sanduhr unseres Lebens gelaufen.

Es ist Ihr Denken, das über Ihr Leben als Traum oder Alptraum entscheidet.

Viele schätzen ihr eigenes Leben in diesem Punkt völlig falsch ein. Sie meinen, sie befinden sich in der Generalprobe. Sie versuchen und trainieren und üben, in der Hoffnung, alles irgendwann irgendwie besser zu machen. Dabei verkennen sie, dass sie von Anfang an in der Premiere spielen. Wir haben keine Zeit, unser Leben zu üben oder Abschnitte daraus probeweise zu spielen, in der Hoffnung, dass es uns beim nächsten Auftritt besser gelingt. Wir stehen live vor der Kamera auf der Bühne unseres Lebens. Wir sind ständig auf Sendung. Film ab, Band läuft! Wenn wir unseren Lebenstraum nicht jetzt leben, wann dann?

Die Weißen haben Uhren. Die Afrikaner haben Zeit.
Afrikanisches Sprichwort

Das Ergebnis unseres Lebens ist die Summe aller Entscheidungen, die wir von Minute zu Minute, von Stunde zu Stunde treffen. Die Vorstellung, dass wir alles ir-

Die Zeit ist der Fluss ohne Wiederkehr. Wer sich nicht mit dem Fluss der Zeit bewegt, kann sein Leben nicht »beeinflussen«!

gendwann einmal besser machen können, hindert uns daran, wichtige Entscheidungen jetzt zu treffen. Dabei müssen wir uns darüber im Klaren sein, dass auch das Sich-nicht-Entscheiden eine Entscheidung ist – und zwar eine gegen unseren Lebenstraum, gegen unsere Vision, gegen all die Möglichkeiten, die in uns stecken.

Warum wir große Träume brauchen

Was ist das für ein Leben, wenn einer nur das Ziel hat, von einer Gehaltszahlung bis zur nächsten gerade so über die Runden zu kommen? Und ansonsten hofft, dass nach Abzug der Steuern, nach Bezahlung der Miete und der Versicherungen noch ein wenig zum Leben übrig bleibt? Eine Umfrage in den USA hat ergeben, dass 70 Prozent aller Bürger höchstens einen Monat überleben könnten, wenn sie plötzlich ohne das laufende Gehalt auskommen müssten.
Was ist das für ein Leben, wenn einer sich ab der Monatsmitte Sorgen machen muss, ob er noch genügend zu essen kaufen und den Tank des Autos füllen kann? Wenn bei jeder unvorhergesehenen Reparatur Existenzangst hochkommt? Kann so ein Leben im Hamsterrad begeistern, immer nur rennen, rennen und nicht vom Fleck kommen? Ich glaube, die Antwort ist klar.

Menschen, die Großes vollbringen, sind immer große Träumer. Mit ihren Träumen verändern sie die Vorstellung der Menschheit von dem, was machbar ist.

Wenn wir glücklich und erfolgreich werden wollen, brauchen wir einen Traum, eine Vision. Wir brauchen eine Vorstellung von unserem Leben, die unsere Fantasie beflügelt. Nur wenn wir die Messlatte auf die Höhe unseres Lebenstraumes legen, werden wir unsere Energie und unseren Einsatz verdoppeln, um am Ende das zustande zu bringen, was zunächst unmöglich schien.

3

**Das Einssein mit unserem Lebensziel werden wir nur erreichen, wenn wir uns mit ganzem Herzen unserer Lebensaufgabe stellen.
Erst dann verbinden sich die Tiefen unseres Denkens, Fühlens und Handelns mit dieser selbst gestellten Aufgabe.**

Was würden Sie alles unternehmen, wenn Sie wüssten, dass Sie Ihr Ziel tatsächlich erreichen können?

Ein schmerzhafter Lernprozess

Wer Erfolg haben will, muss einen Pakt mit dem Schicksal schließen und ihm gute Taten anbieten.

Viele Menschen klammern für sich und für ihr Leben die Vorstellung völlig aus, dass auch sie das Recht haben, glücklich zu sein, erfolgreich zu sein, in einem gediegenen Wohlstand zu leben. Sie haben sich an den chronischen Schmerz gewöhnt, den der Mangel an persönlichem Glück verursacht.

Eine Möglichkeit, in diesem Bereich etwas zu verändern, ist ein Prozess, den ich häufig auch in meinen Seminaren durchführe. Das ist der so genannte Dickens-Prozess, der sich auf die berühmte Weihnachtsgeschichte von Charles Dickens bezieht. In dieser Weihnachtsgeschichte wird dem schwerreichen alten Geizhals und Leuteschinder Ebenezer Scrooge ganz plastisch vor Augen geführt, wie sein Leben aussehen wird, wenn er sich nicht ändert. Unter dem Eindruck dieser Schreckensbilder geht er in sich und verändert sich in einer Weise, wie es niemand, am allerwenigsten er selbst, für möglich gehalten hätte.

In abgewandelter Form zeige ich auch meinen Kursteilnehmern ganz intensiv auf, was mit ihrem Leben passiert, wenn sie sich nicht heute entscheiden, etwas in ihrem Leben und in ihrem Denken zu verändern.

Eine unerträgliche Vorstellung

Vollziehen Sie diesen Prozess für sich nach, während Sie diese Zeilen lesen. Denken Sie darüber nach, wie die Last, die Sie heute auf Ihren Schultern tragen, Ihr Leben bedrückt. Fühlen Sie, wie die Last Ihrer Sorgen Sie niederdrückt, weil Sie sich nicht entscheiden können, im Beruf endlich den ersten Schritt zu einer positiven Veränderung zu tun. Spüren Sie die seelische Belastung in Ihrer Partnerschaft, in Ihrer Familie, in der Beziehung zu Ihren Kindern, weil Sie sich

nicht entscheiden können, endlich das unumgängliche, klärende Gespräch zu führen.

Und nun gehen Sie noch einen Schritt weiter. Stellen Sie sich vor, wie unerträglich Ihr Leben in einem Jahr sein wird, weil Sie sich noch immer nicht entschieden haben. Denken Sie darüber nach, was Sie in diesem Jahr alles verpasst haben, welche Chancen unwiederbringlich an Ihnen vorbeigezogen sind, welche Menschen Sie nicht kennen gelernt haben. Fühlen Sie, wie Ihr Leben immer monotoner wird. Wie sich Ihr Gesichtsausdruck verändert. Wie sich die Sorgenfalten immer tiefer eingraben und der Ausdruck tiefer Enttäuschung Ihr ganzes Auftreten prägt. Um wie viel dicker Sie geworden sind in einer, in zwei Wochen, in einem Monat, in einem Jahr, in fünf, in zehn Jahren, wenn Sie es nicht endlich schaffen, Ihre Essgewohnheiten zu verändern und ein wenig Sport zu treiben!

Nicht das, was uns zustößt, macht unser Schicksal aus, sondern unsere Einstellung dazu.

Jeder Tag, den wir in einem Zustand der Unzufriedenheit erleben, ist für das Glückskonto unseres Lebens unwiederbringlich verloren.

Die innere Stimme

Hören Sie in sich hinein und fragen Sie sich ganz ehrlich, was Ihre innere Stimme zu Ihnen sagt. Hören Sie da nicht Ausdrücke wie: »Versager, Loser, Drückeberger!« und was es sonst noch alles an Selbstbeschimpfungen gibt?

Stellen Sie sich vor Ihren inneren Spiegel, der Ihnen zeigt, wie Ihr Leben aussieht, wenn Sie sich fünf oder auch zehn Jahre vor notwendigen Entscheidungen drücken. Wie werden Sie sich fühlen, wenn Sie sich nicht endlich entscheiden, den ersten Schritt auf das Ziel zuzugehen, das Ihnen schon so lange vorschwebt? Was sagt Ihre innere Stimme dazu, dass Sie seit fünf Jahren dieses Gespräch mit Ihrem Chef, mit Ihrem Geschäftspartner, mit Ihrem Lebenspartner, mit Ihren Kindern, mit Ihren Eltern vor sich herschieben? Wie fühlt sich das an, wenn Ihre Energie im Lauf der Jahre immer geringer wird, wenn Ihre Hoffnung auf eine positive Veränderung Ihrer beruflichen Aussichten immer mehr schwindet. Haben Sie da nicht Angst, dass sich in Ihrem Leben überhaupt noch einmal etwas zum Besseren verändern wird?

Spüren Sie die schwere Last Ihres unerfüllten Lebens

Unzufriedenheit ohne den Willen zur Veränderung wird zur ausweglosen Lebensform.

Nachdem Sie in Ihren Gedanken, in Ihren Gefühlen eine Zukunft erlebt haben, die grau, monoton, trist und niederschmetternd ist, spüren Sie jetzt, was Sie für eine Körperhaltung haben, wenn Sie 30 Jahre diese Last eines unerfüllten Lebens mit sich herumschleppen. Schauen Sie sich im Spiegel an. Können Sie überhaupt noch gerade stehen? Oder sind Sie schon so müde, dass Sie sich am liebsten wieder ins Bett legen würden? Sind Sie so kaputt, so ohne Energie, so voller unerfindlicher Krankheiten, dass Sie schon am Morgen Angst davor haben, wie Sie diesen Tag überstehen sollen? Geht Ihnen dieser Prozess – wie vielen Menschen in meinen Seminaren – nicht sehr an die Nieren? Wird Ihnen zum ersten Mal wirklich klar, was es heißt, ein ganzes Leben voller Sorgen, voller Unzufriedenheit und Entbehrungen zu führen, bloß weil Sie sich nicht entscheiden können, energisch dagegen anzugehen?

Die Zeitreise

Boris Becker und seine berühmte »Beckerfaust«! Ein Powermove, der es in sich hat.

Bei diesem negativen Prozess dürfen Sie natürlich nicht stehen bleiben. Stehen Sie auf, schütteln Sie die Vorstellungen von sich ab, wie Ihr Leben aussehen würde, wenn Sie nichts verändern. Gehen Sie jetzt mit mir auf eine ganz andere Reise. Stellen Sie sich vor, wie wunderbar sich Ihr Leben anfühlen wird, wenn Sie es so gestalten, wie es Ihnen wirklich entspricht. Spüren Sie die Freude, die Sie in Ihrem Beruf, in Ihrer Partnerschaft, beim Sport wieder erleben werden.

Der Powermove

Stehen Sie auf und machen Sie einen Powermove. Ballen Sie die Faust – wie Boris Becker nach einem gelungenen Schlag – und schreien Sie Ihr »Ja!« zu diesem herrlichen Leben aus sich heraus. Versetzen Sie sich in einen Superzustand! Mit jeder Wiederholung machen Sie den Powermove noch fester und rufen Ihr »Ja! Toll! Super! Ich schaffe es!« noch lauter.

Um das zu bekommen, was Sie sich für Ihr Leben so sehnlich wünschen, müssen Sie erst das überwinden, was Sie von diesem erträumten Leben abhält.

Schliessen Sie jetzt die Augen, legen Sie den Kopf in den Nacken und breiten Sie die Arme aus, als wollten Sie den ganzen Himmel auffangen. Gehen Sie in diesem Superzustand auf die nächste Zeitreise. Die Anleitung zu dieser Reise klingt ganz einfach: »Sie haben sich heute entschieden – für ein neues Leben, für ein besseres Leben. Sie verändern ab heute ein paar ganz wichtige Dinge. Sie erledigen noch heute die ersten Energiefresser, diese lästigen Arbeiten, die Sie seit Wochen und Monaten vor sich herschieben! Sie tätigen noch heute den ersten Anruf, der in Ihrem Leben etwas verändern wird.«

Die Qualität unseres Lebens hängt von der Qualität der Fragen ab, die wir uns stellen.
Anthony Robbins

Stellen Sie sich nach dem Aufstehen gleich die richtigen Fragen:

1. Worüber bin ich zurzeit in meinem Leben am glücklichsten? Was daran macht mich glücklich? Wie fühlt sich das an?
2. Was begeistert mich zurzeit am meisten in meinem Leben? Was genau ist es, was mich daran begeistert?
3. Worauf bin ich zurzeit in meinem Leben am meisten stolz? Was daran macht mich stolz? Wie spüre ich diesen Stolz?
4. Wofür bin ich zurzeit in meinem Leben am meisten dankbar? Was daran macht mich dankbar?
5. Worüber freue ich mich zurzeit in meinem Leben am meisten? Was daran freut mich ganz besonders?
6. Wofür setze ich mich zurzeit in meinem Leben voll und ganz ein? Was motiviert mich an dieser Aufgabe am meisten?
7. Wen liebe ich und wer liebt mich? Was gibt mir dieses liebevolle Gefühl? Wie verändert dieses Gefühl mein Leben?
8. Wie groß ist mein Selbstvertrauen? Wie fühlt sich das an, wenn ich Zustimmung erfahre?
9. Was kann ich heute tun, um mein Erfolgsbewusstsein zu stärken? Will ich wirklich aus ganzem Herzen zu den Gewinnern zählen?

Spüren Sie bei Ihrer ganz persönlichen Beantwortung dieser Fragen jedes Mal, wie sich das anfühlt.

Quelle: Anthony Robbins

Stellen Sie sich vor, um wie viel besser es Ihnen schon geht, nachdem Sie diesen Anruf gemacht haben. Am Morgen werden Sie um sechs voller Vitalität und Lebensfreude aus dem Bett springen, weil Sie nicht mehr ferngesehen, sondern in dieser Zeit ein wichtiges Buch gelesen haben, das Ihr Leben verändern wird. Weil Sie nicht mehr eine Flasche Wein in sich hineingeschüttet haben, sondern voller Begeisterung an der Auflistung Ihrer Lebensziele gearbeitet haben.

Eine unvermeidliche Veränderung tritt in Ihr Leben

Plötzlich spüren Sie: »Heute ist mein Leben voller Elan. Meine Augen funkeln. Meine Begeisterung trägt mich über alle eingebildeten Blockaden hinweg!« Sie erleben einen Zustand, in dem Sie sich voller Aufbruchstimmung fragen: »Was gehe ich heute alles an?« Sie erleben dieses wunderbare Gefühl einer lang anhaltenden Hochstimmung, ein Gefühl tiefer Freude, das auf alles ausstrahlt, was Sie an diesem Tag unternehmen. Erleben Sie, um wie viel besser Sie sich fühlen, nachdem Sie den ersten Schritt gemacht haben. Fühlen Sie sich von Tag zu Tag mehr als Chef oder Chefin Ihres Schicksals, als jemand, der die volle Kontrolle über seine eigenen Handlungen hat. Dieses Gefühl wird zum Maßstab dafür werden, wie Ihr Leben aussehen soll.

In dem Augenblick, in dem du von etwas überzeugt bist, von diesem Augenblick an wird dein Traum Wirklichkeit.
Robert P. Collier

Diese Zeitreise bedeutet: Sie stellen sich vor, was mit Ihnen passiert, wenn Sie diese notwendigen Veränderungen an sich durchgeführt haben, wenn Sie diese Veränderungen ganz konkret in Ihren Tagesablauf einbeziehen.

Plötzlich bekommt die Frage: »Wie sieht mein Leben in drei Tagen aus, in drei Wochen, in drei Monaten, in einem Jahr?« einen ganz anderen Klang. Die Antwort hört sich nicht mehr dumpf und düster an. Sie ahnen nicht nur, Sie wissen, was Sie in dieser kurzen Zeit bereits für die Verwirklichung Ihres Lebenstraums geschafft haben. Ja, Sie sind stolz auf sich, weil

»Ich lebe meinen Traum« heißt, dass ich jeden Tag ganz konkret an seiner Verwirklichung arbeite.

Sie sich bewegt haben, weil Sie diese Erdanziehungskraft überwunden haben, weil Sie Ihre ganze Energie auf Ihre neue Vorstellung von Ihrem Leben gebündelt haben.

Ein neuer Klang, neue Farben, wunderbare Düfte treten in Ihr Leben

Zu dieser Zeitreise spielen Sie am besten eine ganz eingängige Musik, Ihre Lieblingsmusik. Sie betrachten ein wunderbares Bild, ziehen Ihr schönstes und bequemstes Kleidungsstück an und hüllen sich in einen wunderbaren Duft. Auch diese positive Zeitreise geht bis an die Grenzen des Vorstellbaren.

Wo sind Sie nach fünf Jahren auf dieser Zeitreise angekommen? Schauen Sie jetzt mal, wo Sie wohnen! Sehen Sie diese wunderschöne Villa im Park? Was ist das für ein herrliches Gefühl der Frische, wenn Sie jeden Morgen in Ihren eigenen Swimmingpool springen? Wo verbringen Sie Ihren Urlaub? Was ist das für ein wunderschönes Hotel, in dem Sie wohnen? Erleben Sie die Zuvorkommenheit und Hochachtung, mit der Sie bedient werden. Mit wem sind Sie befreundet? Von wem werden Sie eingeladen? Sind das nicht die Menschen, die Sie wegen ihrer herausragenden Leistungen schon seit langem bewundert haben? Was für Hobbys betreiben Sie? Ist das nicht ein wunderbares Gefühl, mit Ihrem Traumauto an den Hafen zu fahren und an Bord Ihrer eigenen Jacht zu gehen? Oder in der Karibik für sich und Ihre Freunde eine ganze Insel zu mieten?

In unserem Vorstellungsvermögen liegt eine märchenhafte Zauberkraft. Sie kann Wünsche in Wirklichkeit verwandeln.

Öffnen Sie die Grenzen Ihrer Vorstellungskraft

In diesem Zustand können wir uns die verrücktesten Dinge vorstellen. Das bedeutet aber nicht, dass wir uns immer in exotische Länder oder Lebensumstände versetzen. Ein Teilnehmer entwarf einmal ein wunderbares Bild von seinem Hobby. Er kocht sehr gerne und er stellte sich vor, wie er in seiner herrlichen neuen Küche mit dem Marmorfußboden am Herd steht und darauf wartet, dass per Botendienst die Petersilie gebracht wird, die eigens für ihn frisch aus Frankreich eingeflogen wurde. Das war für ihn in diesem Augenblick der Inbegriff von Luxus.

Dieses winzige Beispiel zeigt uns, dass wir auf dieser Zeitreise frei werden, dass wir unsere Vorstellung lösen von all den Einschränkungen, Blockaden und Selbstzweifeln, die wir jeden Tag fast wie selbstverständlich hinnehmen. Wir können wirklich alles erreichen, wenn wir eines tun – uns entscheiden. Und wenn wir unsere Ziele in unserem Unterbewusstsein, in unserem Kopf erreichen können, dann können wir sie auch in der Realität umsetzen. Denn unser Körper, unser Geist, unser Unterbewusstsein suchen in diesem Alpha-Zustand, in diesem optimalen Zustand, nach Lösungen für die unvorstellbarsten Ziele.

Sobald Sie sich von der Vorstellung der Hilflosigkeit befreien, befreien Sie sich auch von Ihren unproduktiven Lebensumständen.

Wie Sie diesen Erfolgszustand jederzeit abrufen können

Stellen Sie sich also diesen Topzustand noch einmal ganz intensiv vor: Wie ist das, wenn Sie Ihren Traum in fünf Jahren erreicht haben? Sie ziehen in Ihre große Villa mit dem großen Pool. Sie haben Ihr Traumauto in der Garage stehen. Sie veranstalten eine Einweihungsparty und Sie begrüßen alle Ihre Freunde. Vielleicht kommt Ihr Geschäftspartner sogar mit dem Hubschrauber eingeflogen!

Sie haben natürlich Ihren ganz eigenen Traum von einem schönen und erfüllten Leben. Wichtig ist nur, dass Sie diese bildliche und von einer emotionalen Hochstimmung begleitete Vorstellung wirklich ankern, d.h. für immer festhalten, für immer in Ihrem Bewusstsein festschreiben. Ballen

Träume sind der Lichtbogen zwischen dem, was wir sind, und dem, was wir sein können.

Sie die Faust, ganz fest, und dann verbinden Sie die geballte Faust mit einem Powerruf, einem Powermove und natürlich mit Ihrer ganz persönlichen Vorstellung von einem wunderschönen Leben. Diese geballte Faust und diese Bewegung – das ist dann der Anker für diesen Gamma-Zustand (etwa 44 Hertz, wie bei einem Orgasmus – im Vergleich zu einem Alpha-Zustand von 8–12 Hertz in der Tiefenentspannung beim Autogenen Training), für diesen Topzustand, den Sie sich im Alltag jederzeit wieder zurückholen können.
In meinen Kursen lasse ich nach dieser Übung die Musik weiterlaufen, die bereits während der positiven Veränderung lief. Dann setzen sich alle an den Tisch und schreiben einen Brief an sich selbst. Darin halten die Teilnehmer den Lebensentwurf, den Lebenstraum fest, den sie in diesem Su-

3

perzustand für sich entworfen haben. *»Ich, der ich hier und heute mein zukünftiges Leben ganz deutlich vor mir gesehen habe, habe mich unwiderruflich dafür entschieden, diesen Traum in greifbare Wirklichkeit zu verwandeln.«*

Das sollten Sie unbedingt auch tun, denn es ist ganz, ganz wichtig, dass Sie Ihren Lebenstraum nicht nur genauestens ausmalen, Sie sollen ihn auch schriftlich festhalten und sich ihm unwiderruflich verpflichten.

In meinen Kursen sammle ich diese Briefe ein. Ein paar Monate später schicke ich jedem Teilnehmer seinen eigenen Brief zu, den er oder sie im Superzustand dieses Seminars an sich selbst geschrieben hat. Daran kann jeder dann ermessen, wie weit er oder sie sich in der Zwischenzeit bewegt hat. Sie können sich selber diesen Brief ja auch postlagernd

Wir können die Kluft zwischen dem, was wir sind, und dem, was wir sein möchten, nur überwinden, wenn wir anfangen zu handeln.

Jede Sekunde unseres Lebens birgt die Möglichkeit zum Entschluss für eine wunderbare Zukunft.

schicken und ihn nach einigen Wochen abholen. Oder schicken Sie ihn an eine nicht existierende Adresse in Australien. Dann kommt er auch nach ein paar Wochen wieder zurück.

Was Sie zudem noch machen sollten, ist eine Collage von Bildern, die Sie aus Prospekten oder illustrierten Zeitschriften ausschneiden und auf ein großes Blatt kleben – Ihr Traumhaus, Ihr Traumurlaub, Ihr tollstes Hobby, einfach alles, was Sie sich für Ihren höchsten Lebenstraum ausmalen können.

So werden Träume fassbar

Dieser positive, zunächst übersteigert klingende Lebensentwurf hat eine ganz enorme Wirkung. Er bekommt einen Ausdruck von Wirklichkeit, den wir uns bis dahin gar nicht vorstellen konnten. Wenn Sie diesen Lebenstraum einmal wirk-

Jim Carrey mit seinem kleinen Partner Justin Cooper in »Der Dummschwätzer«.

lich als bereits erreicht visualisiert haben, dann können Sie anschließend nicht einfach zur Tagesordnung übergehen und so tun, als hätte es diesen großartigen Lebenstraum nie gegeben. Sie haben einen festen Beweis in der Hand, dass diese neue Sicht Ihres Lebens in Ihren Gedanken schon einmal Wirklichkeit war. Das ist eine Verpflichtung auf ein Lebensziel, das Sie verwirklichen werden.

Nehmen Sie sich ein Beispiel an Jim Carrey, der als Ace Ventura einer der erfolgreichsten amerikanischen Filmschauspieler der letzten Jahre wurde (*Dumm, dümmer, am dümmsten, Der Dummschwätzer, Der Grinch*). Er schickte sich selbst einen 10-Millionen-Dollar-Scheck, als es ihm ganz schlecht ging. Er wußte nicht, wie er sein Essen für den kommenden Tag, geschweige denn wie er die Miete für den nächsten Monat aufbringen sollte. Sein Gedanke dahinter war: »Aha, so fühlt sich das an, wenn dir jemand einen Scheck über 10 Millionen Dollar schickt!« Jim Carrey hat diese Vorstellung tatsächlich in greifbare Wirklichkeit verwandelt. Heute verdient er mit seinen Rollen noch sehr viel mehr, als er sich seinerzeit hatte vorstellen können. Die Wirklichkeit hat seinen unvorstellbar großen Traum noch übertroffen.

Echter Erfolg ist ein Produkt der Vorstellung. Wer Erfolg haben will, muss ein Ziel projizieren und eine Vorwärtsstrategie entwickeln, die ihn weiterbringt.

Deshalb mein Rat an Sie: Lassen Sie Ihren Gedanken freien Lauf. Stellen Sie sich vor, es gäbe keine Begrenzungen, Ihnen stünden alles Geld, alle Ressourcen, alle Mitarbeiter und alle Technologien zur Verfügung, die Sie sich für die Verwirklichung Ihres Traumes nur wünschen können. In diesem Bewusstsein planen Sie, wie Sie Ihr Traumziel erreichen werden. Sie treffen Ihre Entscheidungen und tun den ersten Schritt.

Passen Sie Ihre Brieftasche an Ihre Träume an

Eines der Ziele meiner Seminare und natürlich dieses Buches ist es, Menschen davon zu überzeugen, wie wichtig es ist, ihre Wünsche und Ziele genau festzulegen und endlich ihre Brieftasche ihren Wünschen anzupassen. Ja, die Verpflichtung auf Ihren Lebenstraum bedeutet: Sie müssen lernen zu schauen, dass mehr Geld in Ihre Brieftasche fließt! Dann werden Sie plötzlich multifunktionale Einkommensstrategien entwickeln. Sie werden nicht mehr nur an einer Stelle arbeiten, sondern Sie werden mehrere Kanäle haben, wo Geld hereinkommt.

Sie können die Zukunft am besten vorhersehen, wenn Sie sie selbst gestalten.
Michael Kami

Betrachten wir einmal die Erfolgsstory von Joanne K. Rowling, der Verfasserin der Harry-Potter-Bücher. Als Sozialhilfeempfängerin schrieb die mausarme, allein erziehende Mutter in einem Kaffeehaus, in dem es wenigstens warm genug für sie und ihr Kind war, den ersten Band der Geschichte über den Zauberlehrling. Sie war so fest von ihrem Traum überzeugt, dass sie mit möglichen Verlegern nicht über ein Buch, sondern unbedingt über deren sieben verhandelte, auch wenn sie zuerst abgelehnt wurde.

Oder: Nehmen Sie sich ein Beispiel an einem Michael Jackson oder an einer Tina Turner. Die schrieben ein paar neue Songs, traten damit in einer Konzerttournee auf und verdienten mit einem einzigen Auftritt mehr als die meisten Menschen in zehn Jahren.

Aber damit ist ihr Geldfluss noch lange nicht beendet. An diesem Punkt geht das Verdienen erst richtig los! Denn dann kamen und kommen die CDs, die Bücher und nicht zuletzt die Tantiemen, die von den Sendern bezahlt werden müssen, die diese Songs spielen. Und wenn ein Michael Jackson oder eine Tina Turner das Gefühl haben, sie brauchen noch mehr Geld, dann machen sie aus diesen Songs noch ein Video. Dabei geht es mit größter Wahrscheinlichkeit gar nicht in erster Linie nur ums Geld, sondern um das Ausleben ihres kreativen Potenzials und um die Erfüllung eines Lebenstraums.

Lebensträume sind wie Kundschafter, die man in unbekanntes Gebiet vorausschickt.

Multifunktionale Einkommenskanäle

Das heißt, wir müssen Dinge produzieren, an denen wir in vielfältiger Weise weiterverdienen können. Das sind die Dinge, bei denen man plötzlich merkt: »Ich passe meine Brieftasche meinen Wünschen und meinen Träumen an!«
Überlegen Sie, wie Sie in Ihrer Branche Dinge produzieren oder verkaufen können, an denen Sie in vielfältiger Weise immer wieder partizipieren und verdienen. Nehmen Sie nur Ihr Mobiltelefon als Beispiel. Das haben Sie vermutlich geschenkt bekommen oder nur einen symbolischen Betrag dafür bezahlt. Schließlich verdient der Mobilfunkbetreiber nicht an dem Gerät, sondern an Ihrer Nutzung. Haben Sie sich schon einmal überlegt, wie Sie in Ihrer Branche in den E-Commerce einsteigen könnten? In welcher Weise könnte Ihnen eine Bannerwerbung nützen? Sicher gibt es da tausend Möglichkeiten, die Sie bisher vielleicht noch gar nicht in Betracht gezogen haben, auch wenn der »Wahn« von den unbegrenzten Möglichkeiten des Dotcom-Business in der Zwischenzeit einen – fast sicher vorübergehenden – Knick bekommen hat.

Echten Erfolg gibt es nicht im Franchising-System.

Wie Sie Träume in Ziele verwandeln

Zur Verwirklichung Ihres Lebenstraums gehört natürlich auch, dass Sie sich fokussieren. Fokussieren heißt, dass Sie sich voll und ganz auf das konzentrieren, was Sie sich vorgenommen haben.
Ein Komiker wie Jim Carrey erfindet deshalb immer wieder neue Dinge, die die Menschen zum Lachen bringen, weil er sich gedanklich mit nichts anderem beschäftigt als mit der Frage: »Was finden die Menschen komisch?« – Vorher war er vielleicht ein ganz durchschnittlicher Mensch, der gelegentlich mal etwas Komisches gedacht oder getan hat. Aber nach

dieser ausschließlichen Konzentration auf sein Ziel, der beste (und bestbezahlte) Komiker der Welt zu werden, stößt er natürlich auf Dinge, die sonst niemand sieht oder als komisch erkennt.
Diese Fokussierung auf ein Ziel gilt für alle großen Leistungen, egal in welcher Branche. Es gibt keine bedeutenden Leistungen, die nicht dadurch entstanden sind, dass sich ein Mensch wie besessen der Lösung einer selbst gestellten Aufgabe verschrieben hat.

Er machte die Welt zum globalen Dorf

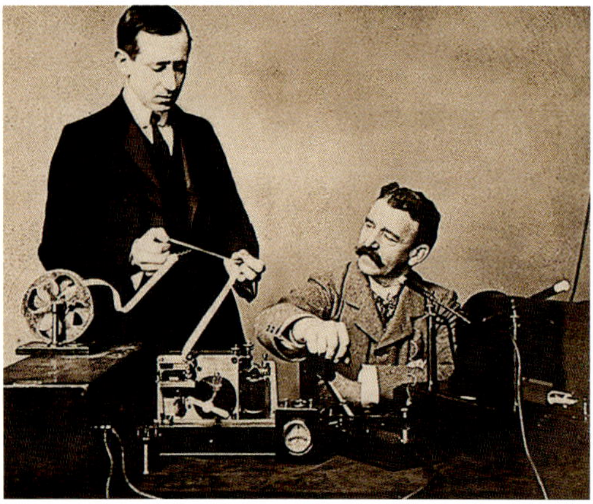

Guglielmo Marconi (links), der Erfinder der drahtlosen Telegrafie, mit seinem Assistenten George Kemp.

Menschen, die sich voll und ganz auf ein einziges Ziel konzentrieren, werden von ihren Zeitgenossen oft für verrückt erklärt, verlacht und ausgegrenzt. So erging es jedenfalls Guglielmo Marconi, dem Erfinder der drahtlosen Telegrafie. Zunächst fanden seine Freunde seine elektromagnetischen »Spielereien« ganz amüsant. Als er aber die Überzeugung äußerte, dass es möglich sei, Funksignale rund um den Erdball zu schicken, wurde er von seinen Freunden für verrückt erklärt und »zu seiner eigenen Sicherheit« vorübergehend in eine Nervenheilanstalt gebracht. Aber er ließ sich davon nicht beeinträchtigen. Erst gelang ihm die Übertragung eines Funksignals über wenige Meter. Sender und Empfänger standen noch in ein und demselben Zimmer der väterlichen Villa in Bologna. 1897 sandte er Funksignale über ein paar Kilometer und 1901 über den Atlantik.
Können Sie sich vorstellen, was für ein unglaublicher Triumph es für ihn gewesen sein muss, als er am 12. Dezember

1901 in einer zugigen Holzbaracke auf Neufundland ein telegrafisches Signal auffing, das an der irischen Küste ausgesendet worden war? Bald wurden die ersten Nachrichten mit seiner Erfindung übermittelt und die ersten Schiffbrüchigen durch Funksprüche gerettet. 1909 erhielt er für seine »verrückte« Idee den Nobelpreis! Noch keine 30 Jahre alt, gehörte Marconi zu den gefeiertsten Menschen seiner Zeit.
Das Geheimnis seines Erfolges klingt ganz einfach und gilt für alle großen Erfolge: Er hatte seinen Geist, seine Intuition und sein Unterbewusstsein unbeirrbar ganz auf ein einziges Ziel gerichtet.

Sobald der Geist auf ein Ziel gerichtet ist, kommt ihm vieles entgegen!

Johann Wolfgang von Goethe

Für die Verwirklichung auch Ihres Lebenstraumes ist es von entscheidender Bedeutung, dass Sie ihn in ein konkretes Ziel verwandeln.

Kapitel 4

Verwandeln Sie Ihren Traum in Wirklichkeit

Viele Menschen verschieben die Verwirklichung ihres Lebenstraums mit dem Hinweis: »In meiner gegenwärtigen Lage kann ich an so etwas gar nicht denken!« Das Beispiel von Jim Carrey zeigt, dass man einen realistischen Traum von einer besseren Zukunft in jeder noch so misslichen Lebenssituation entwerfen kann. Sie müssen diesen Traum nur zu Ihrem festen Ziel machen und selbst davon überzeugt sein, dass Sie diese Traumvorstellung eines Tages tatsächlich verwirklichen werden. Viele Erfolgsgeschichten beginnen nach persönlichen Katastrophen oder Niederlagen.

Wie Träume sich verflüchtigen

Das Einzige, was Sie brauchen, um eine unbefriedigende Lebenssituation zu verändern, ist die Überzeugung, dass Sie es schaffen werden. Mit dieser Überzeugung und mit diesem Glauben an Ihre eigene Kraft können Sie im Lauf der Zeit alle Widerstände überwinden, die sich Ihnen in den Weg stellen. Viele Menschen bleiben deshalb ein Leben lang ohne Erfolg, weil sie beim geringsten Widerstand ihr Vorhaben sofort wieder abbrechen. Sie suchen sich laufend neue »Traumziele«, weil sie glauben, dass sich diese ohne jegliche Anstrengung und ohne eigenes Zutun von selbst verwirklichen müssten. Dadurch verlieren sie den Lebenstraum, der ganz auf ihre Persönlichkeit zugeschnitten ist, aus den Augen. Das ist sicherlich der falsche Weg, seinen Traum zu leben.

Den realistischen Traum von einer besseren Zukunft können Sie in jeder noch so misslichen Lebenssituation entwerfen.

Erich J. Lejeune, Vorstandsvorsitzender der ce Consumer Electronic AG, Selfmademan und Multimillionär

Leben Sie Ihren Traum – mit unerschütterlicher Ausdauer

Nur Sie können die einmaligen Möglichkeiten Ihres Lebens verwirklichen.

Die meisten Menschen, denen die Erfüllung eines Lebenstraums bisher versagt blieb, machen einen großen und verhängnisvollen Fehler. Sie glauben, dass sie dafür gar nicht geschaffen sind. Sie bewundern – oder beneiden – die Menschen, die auf der Sonnenseite des Lebens stehen. Dabei übersehen sie völlig, dass diese dieselben Ausgangspositionen hatten wie sie – oder sogar noch schlechtere. Sie verhalten sich nur anders.

Ich denke an einen Schauspieler, den Sie mit Sicherheit kennen. In seinen Filmen ist er einer der härtesten Burschen, die Hollywood aufzubieten hat. Seine Traumkarriere begann ganz unten, an einem Punkt, wo kein normaler Mensch überhaupt noch an eine Karriere gedacht hat. Jahrelang hatte er in Fitnessstudios trainiert und war auf drittklassigen Boxveranstaltungen aufgetreten, bis ihm eines Tages die Idee zu einem Drehbuch kam. Tag und Nacht schrieb er an einer Story, die viel von seinen eigenen bitteren Erfahrungen wiedergab. Bis zu diesem Zeitpunkt hatte er sich und seine Frau mit allen möglichen Gelegenheitsjobs über Wasser gehalten – aber nun arbeitete er wie besessen an diesem Drehbuch, und so verdiente er nicht einmal mehr das Notwendigste.

Als er dieses Drehbuch endlich fertig geschrieben hatte, lief er von einem Produzenten zum nächsten – und bekam nur Absagen, Absagen, Absagen. Obwohl die meisten Produzenten sein Drehbuch ziemlich gut fanden und ihm auch eine ganz ansehnliche Summe dafür boten, wollten sie doch auf eine Bedingung nicht eingehen, die er damit verknüpfte: Er wollte selbst die Hauptrolle spielen, die Rolle des Boxers, der unermüdlich trainiert und immer wieder Niederlagen einstecken muss, der fast schon aufgeben will, sich dann aber doch noch mit einem unglaublichen Siegeswillen hoch-

peitscht – und gewinnt. Diesen Typen wollte er spielen, aber die Produzenten sahen nicht auf seinen durchtrainierten Körper. Sie fanden, dass er für diese Rolle einfach nicht groß genug war. Außerdem war sein Gesicht durch die Lähmung eines Muskels entstellt. So ein Gesicht passte einfach nicht auf eine Filmleinwand.
Obwohl er das Geld, das ihm für sein Drehbuch geboten wurde, so dringend benötigte, war er nicht bereit, dafür auf seinen Traum zu verzichten, selbst vor der Kamera zu stehen. Nicht einmal, als seine Frau ihre Drohung wahr machte und ihn verließ. Nun war das einzige Wesen, das zu ihm hielt und ihm Schritt auf Schritt folgte, ein Mischlingshund, den er wirklich liebte. Doch eines Tages hatte er nicht einmal mehr genügend Geld, um Futter für seinen Hund zu kaufen. Auch wenn es ihm noch so schwer fiel, er hatte keine andere Wahl mehr. Vor einem Supermarkt versuchte er jemanden zu finden, der ihm diesen Hund abkaufte. Schließlich fand er einen Mann, der ihm 25 Dollar für seinen Hund gab.

Und dann geschah das Wunder ...

Endlich fand er doch einen Produzenten, der bereit war, ihm nicht nur sein Drehbuch abzukaufen, sondern ihm auch die Hauptrolle zu übertragen. Ein Vertrag wurde geschlossen. Vorschuss wurde bezahlt. Als er nun eine für ihn unvorstellbar hohe Summe zur Verfügung hatte, rannte er als Erstes los, um seinen Hund zurückzukaufen. Tagelang wartete er vor dem Supermarkt in der Hoffnung, dass der Mann wieder auftauchte, der nun seinen Hund besaß. Endlich fand er ihn. Er bot ihm die doppelte Summe – doch der Mann lehnte ab. Denn er witterte, dass in diesem Geschäft noch mehr steckte. So zahlte er diesem herzlosen Geschäftemacher letzten Endes die Summe von 2.500 Dollar für seinen Hund. Und das war nicht zu viel, denn schließlich war dieser Hund nicht

Jede Niederlage enthält ein Samenkorn des künftigen Erfolges.

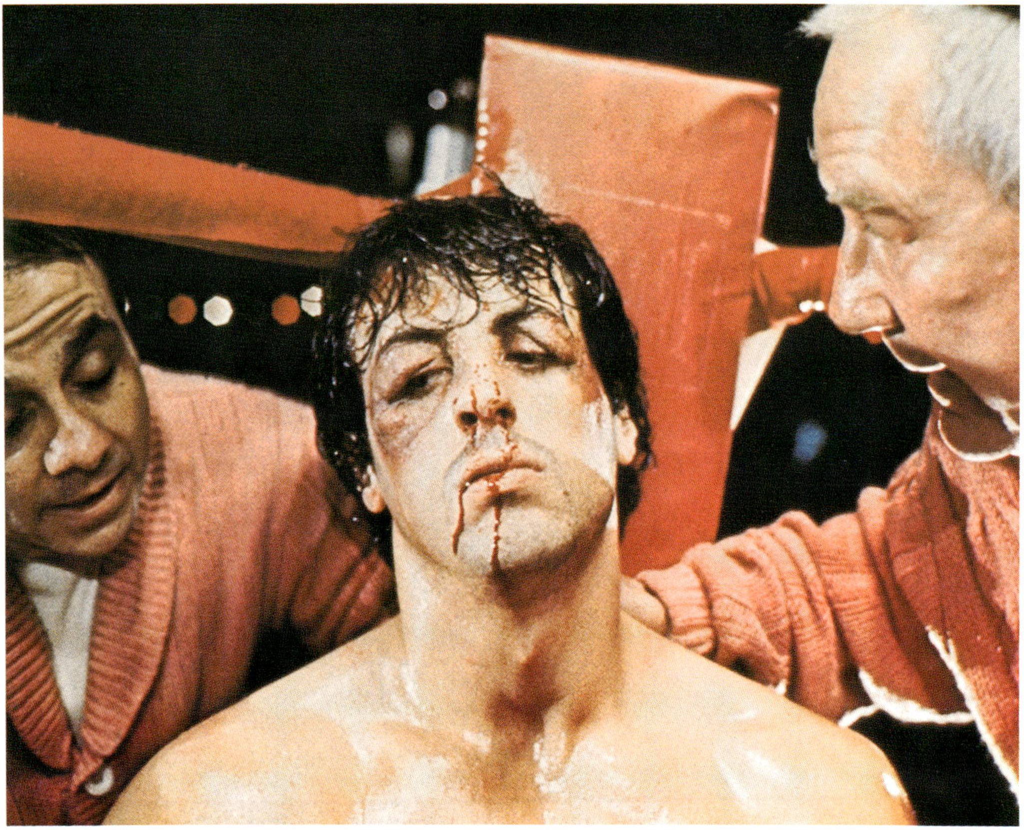

Sylvester Stallone in *Rocky 1*, die Rolle, die ihm den Durchbruch brachte.

nur sein einziger Freund, der ihm noch geblieben war. Sein Hund spielte ja nun die zweite Hauptrolle. Sie haben die beiden sicher gesehen – Sylvester Stallone als Rocky und sein Hund, der ihn auf seinen Trainingsläufen begleitet und ihn auch immer wieder zum Trainieren anspornt.

»Leben Sie Ihren Traum« – ist kein Honiglecken

Unsere Niederlagen sind die wichtigsten Wegweiser für unser geistiges Wachstum.

»Leben Sie Ihren Traum!« ist, wie die Geschichte von Sylvester Stallone zeigt, ganz sicher nicht der Weg des geringsten Widerstandes. »Verwandeln Sie Ihren Traum in Wirklichkeit!« kann manchmal verdammt hart sein. Für Sylvester

Stallone war der Tag, an dem er seinen Hund verkaufen musste, der bitterste in seinem ganzen Leben. Er fühlte sich hundeelend. Aber er musste sich entscheiden.

»Sich ent-scheiden« bedeutet sehr häufig: Man muss von irgendetwas scheiden. Dafür muss man eine Entscheidung treffen. Man muss sich von alten Vorstellungen trennen, die einen aufhalten. Man muss natürlich auch bereit sein, die Konsequenzen zu tragen. Aber ohne Schmerz gibt es keine Freude. Wenn man immer nur versucht, den Schmerz zu vermeiden, dann wird man auch nie diese große Freude erreichen, nie Spaß haben, nie ausbrechen können.

Nur wer seine Angst vor Entscheidungen überwindet, kann erfolgreich werden.

Wenn Sie nach Strategien und nach Lösungen für Ihren Lebenstraum suchen, dann müssen Sie dafür natürlich auch Ihre Komfortzone verlassen.

Stärken Sie die Kraft Ihres Glaubens

Was macht letzten Endes den Unterschied zwischen vagen Traumvorstellungen, die zu nichts verpflichten und von denen in der Regel ohnehin erwartet wird, dass sie sich irgendwie selbst verwirklichen – und einem echten Lebenstraum, der eines Tages sichtbar, greifbar, spürbar vor Ihnen steht?

Ich habe schon davon gesprochen, dass für die Verwirklichung eines Lebenstraums die Festlegung auf ein Ziel ganz wichtig ist. Genauso wie Sie sich auf einen Zeitraum verpflichten müssen, innerhalb dessen Sie es erreichen wollen. Es kommt aber noch ein ganz wichtiger Bestandteil zu dieser Erfolgsstrategie hinzu – das ist der unerschütterliche Glaube an Ihre eigene Fähigkeit, dieses visionäre Ziel eines Tages zu erreichen.

Der unerschütterliche Glaube ist die einzige Brücke über die Strudel des Misserfolgs.

Es ist von entscheidender Bedeutung, die Macht des Glaubens, vor allem die Macht des Glaubens an sich und an seine Ziele zu verstehen. Nur mit diesem unerschütterlichen Glau-

Wer an sich glaubt, verfügt über einen großen Reichtum.

Arthur L. Williams

ben werden Sie in der Lage sein, die großen Kraftreserven zu aktivieren, die in Ihnen verborgen sind. Nur mit Hilfe dieses Glaubens werden Sie das ganze Potenzial Ihrer Fähigkeiten ausschöpfen können, von dem Sie bisher vielleicht nur eine Ahnung hatten, dass es in Ihnen schlummert.

Mit diesem Glauben an sich, an die Richtigkeit Ihrer Ziele, an die Tatsache, dass Ihnen dieser Lebenstraum wirklich zusteht, werden Sie in der Lage sein, auch aus bedrückenden Lebenssituationen einen Ausweg zu finden.

Mit dieser festen inneren Überzeugung werden Sie auch andere Menschen von Ihren Zielen überzeugen können, und viele werden Ihnen ganz von sich aus helfen, Ihre Ziele zu erreichen – weil Sie aus dieser Überzeugung heraus auch sie unterstützen werde.

Für die notwendige Größe dieses Glaubens gibt es eine ganz einfache Gleichung: »Die Größe Ihres Glaubens und Ihrer Überzeugung, dass Sie Ihre Ziele verwirklichen werden, muss der Größe Ihres Lebenstraums entsprechen!«

Outdoor-Training mit Mirko Ribul.

Oben links: Im Hochseilgarten, zu zweit bei der »Multivine«-Übung von »Liane zu Liane« mit immer weiter werdenden Abständen hangeln – dabei die »Vergangenheit« loslassen und die »Zukunft« anpacken und die Kommunikation mit dem Partner fördern.

Der Sprung ins Leere

Gerade was diesen Glauben an die eigenen Fähigkeiten, an die eigenen Möglichkeiten anbelangt, mache ich in meinen Seminaren immer wieder die erstaunlichsten Erfahrungen.

Ich biete in meinen erlebnisorientierten Seminaren die Möglichkeit, dass jeder Teilnehmer in bestimmten Situationen seine Grenzen überschreiten kann. Da ist zum Beispiel die Übung mit dem Pfahl (Pamper Pole). Das ist ein glatter Baumstamm mit ein wenig mehr Umfang als ein Telegrafenmast, zehn, zwölf oder auch fünfzehn Meter hoch. An diesem Baumstamm befinden sich Haken, an denen man hochklettern kann. Oben ist der Baumstamm abgesägt. Dadurch entsteht eine winzig kleine Plattform. Die ist gerade so groß, dass man mit beiden Füßen darauf stehen kann.

Schon das Hinaufklettern auf diesen »Pfahl« ist für viele Kursteilnehmer eine Herausforderung. Man greift von einem Haken zum anderen. Man ist mit einem Klettergurt gut gesichert. Die Gruppe hält das Sicherungsseil.

Mut ist eine der wichtigsten Voraussetzungen für Ihren Erfolg.

Outdoor-Training mit Mirko Ribul.

Oben rechts: Kletterwand: Das ganze Team muss nach oben. Das verlangt überlegte Organisation und den Einsatz aller Ressourcen des Teams.

Unten: »Trustfall II«: Vertrauensprobe – sich ganz steif mit geschlossenen Augen in die ausgestreckten Arme der Gruppe fallen lassen.

Rechts: Auf dem Weg zum Gipfel Ihres Erfolges müssen Sie auf zwei Fragen eine Antwort geben: »Sind Sie bereit, Verantwortung zu übernehmen?« und »Sind Sie bereit, Vertrauen zu schenken?«

Das eigentliche Problem beginnt, wenn Sie oben angekommen sind. Die Haken, an denen man sich festhalten kann, hören einen Schritt unterhalb der kleinen Plattform auf.
Bei dieser Pfahl-Übung geht es um ganz verschiedene Dinge. Wenn sie nicht richtig vorbereitet werden, dann glauben die meisten Menschen, es gehe um die sportliche Leistung, diesen Pfahl hochzuklettern. Sie glauben, das habe etwas mit Kraft und mit Mut zu tun. Aber der Pfahl stellt keine Herausforderung an die Kraft und an den Mut dar. Er ist vor allem keine sportliche Übung. Das Wichtige ist vielmehr der Prozess, der in dem Team von ca. zwölf Teilnehmern abläuft und natürlich bei dem, der gerade den Pfahl hochgeklettert ist.

Fragen, die an den Kern gehen

Je deutlicher Ihr Ziel, Ihre Vision, Ihre Begeisterung vor Ihren Augen stehen, umso größer wird Ihr Selbstvertrauen.

In diesem kleinen Team werden sehr persönliche Fragen gestellt, die gar nichts mit dem Klettern auf den Pfahl zu tun haben. »Wo will ich in meinem Leben überhaupt hin? Was will ich wirklich in meinem Leben erreichen? In was für einem Zustand will ich mein Leben verbringen?« Jeder Einzelne, der diesen Pfahl hochklettert, muss sich selbst ernsthafte Antworten auf die Frage geben: »Was will ich wirklich in meinem Leben erreichen? – Will ich glücklich und zufrieden sein, in Harmonie leben, Geld haben?«
Diese Liste muss jeder für sich nach Prioritäten ordnen, ehe er anfängt zu klettern. Diese Übung wird dadurch zu einer Metapher für unser Leben. Da geht es um die Werte, die das eigene Leben bestimmen sollen. Und es geht auch um den Aufbau von Beziehungen. Denn zunächst muss die Frage innerhalb der Gruppe geklärt werden. »Wer sichert mir mein Leben ab?« Jeder Teilnehmer klettert ja schließlich zehn, zwölf oder fünfzehn Meter hoch und soll von dort oben ins Leere springen. Es gilt, sich also sein Sicherungsteam auszu-

suchen. Dabei entstehen Beziehungen. Verantwortung muss übernommen werden. Jeder überträgt vier oder sechs Leuten die Verantwortung für sein Leben, und zwar nicht nur im Spiel, sondern im Ernst, denn wenn einer von dem Pfahl wegspringt, muss er sich tatsächlich mit seinem Leben darauf verlassen können, dass die ihn halten. Da muss er jedem vorher tief in die Augen schauen, ob er bereit ist, die Verantwortung für das Leben eines anderen zu übernehmen.

Übernehmen Sie gerne Verantwortung?

Verantwortung übernehmen bedeutet, Antwort zu geben auf die Fragen, die der Alltag, der Beruf, der Lebenspartner an einen stellen.

Auch wenn Ihnen diese Frage gestellt wird, müssen Sie sich überlegen, ob Sie dazu wirklich bereit bin. Sagen Sie da nur einfach »Ja«, wie Sie oft, ohne darüber nachzudenken, sagen: »Ja ja, das mache ich schon!«? Oder sind Sie wirklich bereit, diese Verantwortung zu übernehmen? Plötzlich merken Sie nämlich, dass Sie nicht nur einfach so nebenher Ja sagen können. Sie müssen sich überlegen: »Wie muss ich denn überhaupt den Sicherungsknoten machen? Wie war das mit dem Karabinerhaken? Wo muss ich den einhängen?«

Da beginnt schon der Lernprozess bei jedem Einzelnen. Da geht es nicht um einen Knoten, sondern um Ihre Einstellung zur Verantwortung, auch sich selber gegenüber. Da stellt sich plötzlich die Frage: »Mache ich das mit meinem Lebenspartner oder mit meinen Angestellten genauso? Sage ich da auf eine Frage auch einfach Ja und meine es gar nicht so ernst, während sich der andere auf mich verlässt?« Oder in der Arbeit, wenn Ihnen Ihr Chef eine Aufgabe überträgt und Sie sagen nur so dahin: »Ja, ich habe das verstanden!«

Eine solche Einstellung kann in einem Unternehmen viel Geld kosten, weil Fehler gemacht werden. Sie kann Sie aber auch in der Verwirklichung Ihres Lebenstraums um Jahre zurückwerfen, weil fehlerhafte Entscheidungen getroffen werden, weil Informationen, die Sie abgegeben haben, nicht hundertprozentig durchdacht waren. Das heißt, wir müssen uns bewusst werden, was wir mit unserem Ja, mit unserer Zustimmung wirklich meinen. Oft sagen wir auch nur Ja, weil wir nicht den Eindruck erwecken wollen, dass wir länger brauchen als andere, um etwas zu kapieren.

Aber es zeigt sich bei dieser konkreten Aufgabe: Es ist besser, fünf Minuten lang dumm zu erscheinen, als eine Aufgabe nur schlampig zu machen, die den anderen das Leben kosten kann.

Das ist der Grund, warum ich das bei den Teilnehmern noch einmal ganz genau abfrage. Und wenn jemand dabei ist, der es noch nicht verstanden hat, dann zeige ich es ihm einfach nochmal.

Ein Mensch, der den Erfolg sucht, muss sein Denken, seine Gefühle und sein Handeln unentwegt überprüfen – wie ein Steuermann, der seinen Kurs ständig mit dem Wechsel der Strömungen und des Windes abgleicht.

Vor allem muss jeder sich in der Grundfrage entscheiden. Will er überhaupt ein Menschenleben absichern? An dieser Frage erweist sich, ob jemand diese grundlegende Eigenschaft einer Führungskraft besitzt. Dabei habe ich immer wieder die Erfahrung gemacht, dass es viel mehr Menschen gibt, die mit der größten Selbstverständlichkeit und mit größtem Ernst diese Führungsqualität an den Tag legen, als man vermuten würde – viel mehr als sie sich das selbst zutrauen würden. Auf jeden Fall geht es darum, dass jeder sich seiner Verantwortung für seine Entscheidung, für seine Zusage bewusst wird. »Soll ich nicht lieber Nein sagen, denn wenn ich etwas falsch mache, kann der andere herunterfallen und tot sein oder sich ganz schwer verletzen?« Das heißt, wir lernen genau in diesem Prozess, in diesem Spannungsfeld zwischen echtem Risiko und echter Verantwortung.

Warum wir Ziele nicht erreichen

Wann spüren wir am intensivsten, dass wir leben? – Sobald wir anfangen, den Staub der Routine abzuschütteln.

Denjenigen, der auf den Pfahl klettert, fragen die anderen Teilnehmer: »Bist du bereit, die alten Sachen hinter dir zu lassen, die dich daran hindern, dein Leben endlich so zu gestalten, wie du dir das immer erträumst? Was ist der Grund, dass du dein Lebensziel noch nicht erreicht hast?«
Vielleicht lautet die Antwort: »Weil ich zu wenig zielstrebig war, weil ich gar keine richtigen Ziele hatte, weil ich zu wenig konsequent war, zu wenig Selbstvertrauen hatte, zu ängstlich, zu faul oder einfach zu träge war!«
Wenn jemand nun den Stamm hochgeklettert ist und die große Schwierigkeit beginnt, nämlich die letzten Griffe loszulassen und sich auf diesen Pfahl draufzustellen, dann sagt vielleicht einer aus dem Team: »Komm doch wieder runter. Du musst doch da gar nicht hoch. Willst du dein Ziel wirklich erreichen? Was hast du eigentlich davon? Anders ist es doch viel bequemer. Du bist doch ängstlich. Pass auf, dass du

nicht runterfällst!« In dieser schwierigsten Phase des Pfahlkletterns versuchen die Mitglieder des Teams, dem Kletternden die Themen seiner Umgebung, seines täglichen Umfeldes klar zu machen. Sie greifen die Dinge auf, die ihn in seiner Umgebung hindern: »Das schaffst du doch nicht. Du willst dich selbstständig machen, bei den Arbeitslosenzahlen. Bleib lieber da, wo du bist. Bleib auf der sicheren Seite!«
Das ist genau der Punkt, wo wir auch im Alltag in unseren Plänen, in unseren großen Lebensentwürfen immer gehindert werden.
Wenn die Schwierigkeit des Loslassens endlich geschafft ist, muss sich der Teilnehmer bei manchen Anlagen sogar um 180 Grad drehen, damit er losspringen kann. Er symbolisiert damit, dass er in seinem Leben eine neue Richtung einschlagen will und auch in Balance sein muss. Das ist eine Übung, bei der ich gar nicht beschreiben kann, was in den Köpfen der einzelnen Teilnehmer vor sich geht.

Wer seine Träume verwirklichen will, muss seiner Angst begegnen.

David Miln Smith, Abenteurer und Motivator

Mit Mut zum Ziel

Was hat das mit Mut zu tun? Was hat das mit dem Leben und gar mit dem eigenen Lebenstraum zu tun? – Jeder muss schon mal den ersten Schritt tun. Jeder muss sich entscheiden, dieses Ziel auch wirklich erreichen zu wollen. Jeder muss auf den Pfahl klettern, sich oben hinstellen und dann ins Leere springen. Jeder muss seine Angst überwinden, den inneren Schweinehund bekämpfen, muss jemand Fremdem, jemandem, den er vielleicht erst vor ein paar Stunden kennen gelernt hat, sein Leben anvertrauen.

Nur wer seine Angst vor Entscheidungen überwindet, kann erfolgreich sein.

Dann kommt die Frage: »Wie schaffe ich das, die Griffe alle loszulassen, um mich auf diese kleine Plattform zu stellen?« Unten hat er sich wahrscheinlich noch einen genauen Plan gemacht, wie er das da oben tun wird – aber oben sieht das ganz anders aus. Da schaut er plötzlich aus 12 oder 15 Metern Höhe in die Tiefe – und in dieser Höhe soll er seinen Körper auf einer Fläche jonglieren, die gerade so groß ist, dass die beiden Fußsohlen darauf Platz haben. Und da sind keine Griffe mehr – nichts!

Da bleibt einem erst einmal die Luft weg. Gleichzeitig schießt einem der Gedanke durch den Kopf: »Was passiert mit meinem Lebenstraum, wenn ich hier versage? Wenn ich hier aufgebe? Werde ich dann je die Kraft finden, ihn zu verwirklichen?«

Jeder spürt die Angst im ganzen Körper, spürt, wie diese Angst auch das Denken gefangen nimmt. Den Plan, den jeder sich unten zurechtgelegt hat, wie der diese Schwierigkeit überwinden wird, den hat er längst vergessen. Er hängt da oben – und es geht nicht weiter. Plötzlich verkrampfen sich die Hände. Angst lähmt die Muskeln. Manche Kursteilnehmer brauchen minutenlang, bis sie überhaupt eine spürbare Bewegung in Richtung Ziel machen. Sie sind starr vor Angst in dieser nie vorher erlebten Situation. Unvorstellbar, was denen da oben alles an Gedanken, an Erinnerungen, an Gefühlen durch den Kopf schwirrt.

Im Zustand der totalen Blockade

Ich habe einen Teilnehmer erlebt, der hat zehn Minuten lang regungslos wie ein Koalabär den Baumstamm umarmt. Bis ich sagte: »Wenn du jetzt nicht endlich vorwärts machst, hole ich die Motorsäge!« Der befand sich in einem Zustand der totalen Blockade, in einer Sackgasse.

Was bedeutet das im Kontext eines Lebens? – Das zeigt, dass er sich in seinem bisherigen Leben nie entscheiden konnte, ein Risiko einzugehen, Veränderungen durchzuführen, um vorwärts zu kommen. Er hat nie die Erfahrung gemacht, wie es ist, wenn er plötzlich einen Schritt ins Ungewisse machen muss.

Für den Aufbruch in ein erfolgreiches Leben gibt es keine Reiserücktrittsversicherung.

Das sind Menschen, bei denen alles abgesichert sein muss. Wie könnten sie mit so einer Einstellung beginnen, an der Verwirklichung ihres Lebenstraums zu arbeiten? Wie könn-

Im Zustand der totalen Blockade: nichts sehen, nicht sprechen, nichts hören!

ten sie den ersten Schritt tun auf ihren eigenen Erfolg hin? Undenkbar, dass sie aus sich herausgehen, Veränderungen ins Auge fassen, Entscheidungen treffen, weil das Mut erfordert, weil sie Angst vor dem Loslassen haben.
Genau an diesem Punkt setzt aber bei den meisten Teilnehmern trotz der Angst, trotz des Schwindelgefühls, trotz der gewohnheitsmäßigen Überzeugung: »Das schaffe ich nie!« dieser eine Gedanke ein: »Ich will unter gar keinen Umständen aufgeben! Nicht, weil ich mich nicht vor den anderen blamieren will, nein, ich will vor mir selbst nicht aufgeben!« Dabei wäre aufgeben ganz leicht. Es kann jeder ohne weiteres sagen: »Das geht nicht. Das schaffe ich nicht. Wozu brauche ich das?« Und dann klettert er einfach wieder hinunter. Er könnte den Weg des geringsten Widerstandes gehen. Wie so häufig im Leben. Er könnte sich auch einfach fallen lassen, denn er ist ja völlig gesichert.

Mit Strategie ans Ziel

Nur wenn wir uns den Herausforderungen stellen, wissen wir, wozu wir fähig sind.

Aber dieser Gedanke: »Ich will unter gar keinen Umständen aufgeben!« wird bei den meisten Menschen gerade an diesem Punkt enorm stark, wo die Herausforderung am größten ist. Irgendwann setzt bei den meisten der Mut ein. Dieser Mut stößt wiederum die Kreativität an, wie sie es schaffen könnten. Plötzlich wird ihnen unmissverständlich klar: »Ich muss den festen Griff loslassen, weil ich sonst nie mein Ziel erreichen kann. Ich muss für mich eine Strategie suchen, wie ich es doch noch schaffen könnte!« Was sie vielleicht bei den anderen schon gesehen haben, wie die das machen, das nützt ihnen in diesen Augenblicken herzlich wenig.
Ich hatte mal einen Kursteilnehmer, der war an sich ganz sportlich, aber er hatte ein kaputtes Knie von einem Skiunfall. Er wusste genau, wenn er versuchte, das Bein mit dem kaputten Knie als Erstes auf den Pfahl zu stellen, knickt es

weg und er fällt hinunter. Er musste sich also eine Strategie überlegen, wie er mit diesem Handicap fertig wurde.
Andere haben so starkes Übergewicht, dass sie kaum eine Chance sehen, die selbst gestellte Aufgabe auf dem Pfahl zu verwirklichen. Plötzlich spüren sie ganz deutlich: »In diesem Moment bestrafen mich meine Vergangenheit, meine Disziplinlosigkeit, meine nicht eingehaltenen Vorsätze, meine Ausreden!«
Sie spüren in ihren physischen Schmerzen: »Das ist die Parallele zu meinem Leben! Das ist der tiefere Grund, warum ich meinem Lebenstraum noch nicht einen Schritt näher gekommen bin!«

Wer weiß, was er will, und daran glaubt, dass es machbar ist, kann sich ausrechnen, was er tun muss, um es zu erreichen.

Die Kursteilnehmer machen also eine Reihe von Entwicklungsstufen durch, wenn sie da oben auf dem Pfahl angekommen sind.
Da ist zunächst diese Atemlosigkeit, diese Ratlosigkeit, die Angst, die in den einzigen Gedanken mündet, den sie in diesem Augenblick denken können: »Das schaffe ich nie!« Dann kommt als Nächstes die Überwindung dieser Angst und dann kommt die Überlegung: »Wie kann ich es schaffen?«
Da beginnt der große Lernprozess. Schon wenn sie bei dieser Frage angelangt sind, haben sie auf ihrem Lernprozess ein gutes Stück Weg zurückgelegt.
Wenn so jemand es dann endlich schafft, auch mit Unterstützung des Teams, dann wachsen in diesem Moment sein Selbstbewusstsein, sein Selbstvertrauen und seine Selbstsicherheit enorm. Das Team hat ihm die richtigen Gedanken entgegengebracht. Es hat die richtigen Fragen gestellt. Das Team hat ihn vielleicht nur auf die richtige Atmung hingewiesen. »Atme tief ein und aus! Denke an dein Ziel. Denke an deine Wünsche. Atme tief!«

Lernprozesse

Plötzlich merkt die Gruppe, die ihn von unten aufmerksam beobachtet, wie sich seine Physiologie verändert. An diesem Punkt kann so mancher dann sogar einen Spaß riskieren: »Lächle jetzt bitte für die Kamera!« Und das tut er oder sie dann tatsächlich, und dann geht es vorwärts.

Der Weg zum Erfolg ist ein Hürdenlauf gegen Widerstände, gegen Kritik, Spott und besserwisserische Herablassung.

Da laufen wirklich viele, viele emotionale Prozesse ab. Da lasse ich als Seminarleiter selbstverständlich jedem die Zeit, die er oder sie braucht, um mit dieser Situation fertig zu werden. Schließlich spiegelt sich in dieser Situation das ganze bisherige Leben wider. Das sind Dinge, die ganz tief reingehen.

Wenn jemand solche Schwierigkeiten mit dem Pfahl hat, wenn er zehn Minuten an diesem Baumstamm hängt und keinen Zentimeter vorwärts kommt, dann ist auch der Lernprozess für das Team enorm. Die Teammitglieder erleben, dass Menschen eine Schwäche haben können, die fast nicht zu überwinden ist. Das sind oft Menschen, die nach außen hin einen sehr selbstsicheren Eindruck machen, die andere durchaus zu dominieren versuchen. Das sind Menschen, die nach außen zielstrebig und erfolgreich aussehen. Aber das sind genau die, die plötzlich irgendwelche unüberwindlichen Ängste haben.

Der Mut des Erfolgsuchenden muss größer sein als die Angst vor Kritik.

Da oben auf dem Pfahl muss jeder seine Maske fallen lassen. Da kann er nicht mehr seine eingelernte Rolle spielen, die Rolle des Schwerbeschäftigten, der für Gefühle keine Zeit hat, die Rolle des Machers, der keine Zeit hat, sich mit kleinlichen Problemen anderer Leute abzugeben.

Dann gibt es auch Menschen, die den Weg nach oben, auf den Pfahl, ganz gut schaffen, die dann aber derartig von ihrer Unsicherheit eingeholt werden, dass ihnen die Beine zittern. Das Zittern überträgt sich auf den Pfahl, der gerät in eine Schwingung und sie schütteln sich praktisch selbst hi-

Geschafft!

Vor diesem Seminar hatte ich höllische Höhenangst. Mir war jedoch nicht bewusst, was der Grund dafür war. Bisher wollten mich die Menschen um mich herum immer davor »bewahren«, Risiken einzugehen. Damit haben sie mich natürlich auch davor »bewahrt«, Erfolg zu haben.

»Du kannst das sowieso nicht! Das schaffst du nie!« Diese Glaubenssätze wurden mir regelrecht eingetrichtert. Ich hatte Angst und große Zweifel an mir. Am Pfahl war es fast unmöglich, diese Angst hinter mir zu lassen und nach oben zu klettern. Das Gefühl, als ich endlich oben stand, war unbeschreiblich. Ich hatte es geschafft. Plötzlich wusste ich: »Wenn ich das fertig gebracht habe, dann kann ich auch all meine anderen Ziele erreichen, die ich mir gesteckt habe, die ich mir schon so lange vorgenommen habe!«

Mein Selbstwertgefühl ist durch dieses Erlebnis so sehr gestärkt worden, dass meine Mitmenschen mich beim Wiedersehen nur mit Kopfschütteln empfangen haben.

Dieses High-Ropes-Erlebnis habe in meinem Unterbewusstsein gespeichert. Wenn ich heute vor einer »roten Linie« oder vor einer schwierigen Entscheidung stehe, rufe ich mir dieses Bild oben auf dem Pfahl wieder in Erinnerung und versetze mich in diesen fantastischen Zustand zurück: »Ich habe es geschafft!« Dann gibt es für mich kein Zurückhalten mehr.

Elke B., Seminarteilnehmerin

So sicher jeder Mensch ein Recht auf eigene Ziele hat, so sicher hat er auch ein Recht auf einen eigenen Weg.

Wenn du an dich selbst glaubst, ist es völlig unwichtig, was andere von dir halten.
Mirko Ribul

nunter. Wenn ich diese Teilnehmer nach ihrem Leben frage, dann muss ich feststellen: So wie sie auf den Pfahl hochklettern, so leben sie auch. Das ist das Muster ihres Lebens. Zunächst scheint alles klar und sicher. Sie gehen eine Sache voller Energie an. Sie setzen sich voll ein und im letzten Moment versagen sie, weil sie plötzlich ihr Mangel an Selbstvertrauen einholt.

Wenn jemand da oben auf dem Pfahl ganz ruhig stehen kann, ohne dass der Pfahl schwankt, dann hat das vordergründig etwas mit seiner Atmung zu tun. Auf sein Leben bezogen bedeutet das, dass die Klarheit, die innere Ruhe, die Balance tief in seinem Inneren verankert ist.

Entscheiden Sie sich jetzt

Bei denen, die oben bleiben, und das sind doch die meisten, kommt dann der Punkt, an dem sie nach vorne springen müssen, entweder auf einen Knoten zu, den sie berühren sollen oder auf ein Trapez, an dem sie sich dann herunterlassen können. Diesen Sprung können sie nicht erst mal mit 60 Prozent Energie »versuchen«. Es gibt nur diesen einen Versuch. Genau diesen Punkt muss derjenige, der es bis dahin geschafft hat, mit seinem Lebensziel, mit seinem Lebenstraum verbinden. Für die meisten ist das ein unvergleichlicher und auch unvergesslicher Augenblick. Sie haben das Gefühl: »Ich habe es geschafft. Ich springe in ein neues Leben!«

Vielfach haben mir Kursteilnehmer nach einem derartigen erlebnisorientierten Seminar berichtet: »Das war genau der Punkt, an dem ich wusste – wenn ich das schaffe, dann kann ich auch alle die Ziele erreichen, die ich mir bisher nicht zugetraut habe.«

Plötzlich bekommt der Wunsch, der Traum, die Vision des eigenen Lebens eine ganz neue Richtung. Nicht mehr die Angst vor der Veränderung steht im Vordergrund, sondern die Frage: »Wie bekomme ich das, was ich mir schon lange wünsche, erhoffe, erträume und was mir meiner tiefen Überzeugung nach auch zusteht? Was muss ich tun, damit mein Lebenstraum sichtbare, greifbare und fühlbare Wirklichkeit wird?«

Nun – so beginnt der erste sowohl mentale als auch körperliche Veränderungsvorgang. Dieses Erlebnis ist so tief greifend, dass Ihr Gehirn viele neue Lösungen aufzeigt, wie Sie sich weiterentwickeln können. Nun sind Sie vom Wollen ins Handeln gelangt. Sie haben sich bei der Übung entschieden, d.h. Sie sind über Ihren persönlichen »Rubicon« gegangen – mit einem klaren inneren Drang, das auch weiterhin umzusetzen, den Traum zu verwirklichen.

Mentale Strategie

Stellen Sie sich den gewünschten Endzustand mit allen Sinnen (VAKO), in allen Details als erreicht bildhaft vor. Dies schafft in Ihrem Unterbewusstsein eine Art »Programm«, welches Ihr »Bio-Computer« zu verwirklichen trachtet.

Verpflichtungs-Strategie

»Committen« Sie sich, informieren Sie Ihre echten Freunde (aber allenfalls auch Feinde), dass Sie diesen Vorsatz gefasst haben, und bitten Sie diese, Sie immer wieder zu erinnern und zu kontrollieren, ob Sie tatsächlich die vorgenommenen Schritte gemacht haben.

Kapitel 5

Bringen Sie Ihr Leben ins Gleichgewicht

Erfolg ist eines der ganz großen Zauberwörter. Jeder möchte Erfolg haben. Jeder möchte glücklich und gesund in großem Wohlstand leben. Jeder möchte anerkannt und bewundert werden. Das ist der Grund, warum sich die meisten Menschen für die Reichen interessieren, in der Hoffnung, hinter das Geheimnis ihres Erfolges zu kommen. Und tatsächlich, es gibt Regeln und Gesetze, nach denen Erfolg funktioniert. Erfolg lässt sich planen. Die notwendigen Strategien kann jeder lernen.

Die Realität sieht jedoch ganz anders aus. Millionen Menschen gehen täglich durch ein Leben voller Hektik, Anspannung, Stress und ungelöster Probleme. Warum? Weil sie keine Ahnung haben, dass der Schlüssel zu ihrem Lebensglück, zur Verwirklichung ihrer Lebensträume einzig und allein in ihnen selber liegt. Sie müssten endlich begreifen, dass sie selbst es sind, die diese Prioritäten setzen. Stattdessen fühlen sie sich getrieben, von ihren eigenen Ansprüchen, von den Anforderungen einer Leistungsgesellschaft, die immer mehr an Einsatz fordert und immer mehr an persönlicher Zeit und Freiheit wegnimmt.

Es gibt unzählige Gebiete, auf denen Menschen erfolgreich werden können, aber die Grundsätze, wie man erfolgreich wird, sind immer dieselben.

Wo gerät das Leben aus der Balance?

Gerade bei den Leistungsträgern unserer Gesellschaft, bei den Menschen, die vorwärts kommen wollen, die Erfolg haben wollen, ist das Bedürfnis nach Anerkennung, nach Einfluss, nach Unabhängigkeit und Freiheit außerordentlich groß. Mit einem Leben, in dem ihre Leistungsbereitschaft und ihr Können nicht gefordert ist, wären sie total frustriert. Sie kämen sich überflüssig vor. Von leistungsbewussten Menschen, die ihren Job verloren haben, wissen wir, dass sie schon nach kurzer Zeit Gefühle von Schwäche, von Hilflosigkeit, ja von Minderwertigkeit entwickeln.

Viele Menschen sind stolz auf ein eigenes Auto, auf ein eigenes Haus, auf eine eigene Familie. – Aber wo bleibt der Stolz auf die eigene Meinung?

Aus dieser Angst heraus, vor dem eigenen Leistungsanspruch zu versagen, in den Augen der Kollegen als »Weichei« oder gar als Versager zu gelten und den Ansprüchen an materiellen Wohlstand nicht mehr genügen zu können, schuften sie von Montag bis Freitag 18 Stunden am Tag. Für das Wochenende nehmen sie noch Arbeit mit nach Hause. Sie legen Meetings auf den Samstag oder reisen am Sonntagnachmittag ab, damit sie am Montag den ersten Termin bei einem wichtigen Kunden wahrnehmen können.

Wenn uns die Wirklichkeit einholt ...

Das ist alles wunderbar, und über einen längeren Zeitraum fühlen sie sich mit dieser Lebensform absolut super! Sie stehen immer unter Strom und sie genießen es, wenn sie gefragt werden: »Sagen Sie mal, brauchen Sie überhaupt keinen Schlaf?« Vielleicht antworten sie mit dem Wahlspruch der »Workaholics«: »Tja, wer mit 24 Stunden am Tag nicht auskommt, muss eben die Nacht zu Hilfe nehmen!«

Aber mal ehrlich, was passiert denn in Wirklichkeit, wenn wir um des beruflichen und finanziellen Erfolges willen 18 Stunden am Tag arbeiten, permanent auf Reisen sind, den Kontakt zu unserer Familie, zu den Kindern, zum Lebenspartner, zu den Freunden und Nachbarn verlieren? Wenn wir keine Zeit mehr für uns selbst haben, um in Ruhe ein Buch zu lesen, einen Ausflug zu machen, uns mit Freunden

Kein noch so großer beruflicher Erfolg kann ein glückliches Familienleben aufwiegen!

zu treffen, in der Sonne zu liegen und einfach die innere Ruhe zu genießen. Sind wir dann auf die Dauer noch motiviert? Haben wir dann noch Freude an unserem Wohlstand, an der Anerkennung durch die Kollegen, durch die Unternehmensleitung?

Unsere Bedürfnisse bilden eine Einheit

Bevor Sie sich darauf selbst eine Antwort geben, möchte ich Ihnen kurz von den Forschungsergebnissen von Abraham H. Maslow, einem der bedeutendsten amerikanischen Motivationsforscher, berichten. Er ist in seinen Untersuchungen zu den menschlichen Grundbedürfnissen zu interessanten Erkenntnissen gelangt.

Wenn wir die unterschiedlichen Bedürfnisse unseres Lebens genau betrachten, sehen wir, dass sie eines gemeinsam haben: Sie stehen nicht isoliert, sondern sie hängen prak-

Luxus pur! – Warum sollte man sich darüber nicht freuen dürfen? (BMW Z8)

tisch mit allen anderen Bedürfnissen in den unterschiedlichen Lebensbereichen zusammen.

Kontrollieren Sie das mal bei sich: Wollen Sie nur irgendeine Arbeit haben oder soll Ihnen diese Arbeit Spaß machen und Ihren ganz besonderen Fähigkeiten entsprechen? Wie wichtig ist Ihnen, dass die Bezahlung stimmt? Darf die Arbeit langweilig und nervtötend sein oder soll sie etwas Sinnvolles darstellen?

Wie sieht es mit dem gesellschaftlichen Status aus, der mit Ihrer Tätigkeit verbunden ist? Wie sehen die Karrieremöglichkeiten aus? Von woher erhalten Sie Anerkennung für Ihre Arbeit?

Selbstverständlich müssen und wollen wir mit unserer Arbeit Geld verdienen, möglichst viel Geld, aber nicht nur, um es zu besitzen. Wir wollen damit eine ganze Reihe von Wünschen und persönlichen Bedürfnissen befriedigen. Wir wollen uns zum Beispiel mit dem Geld, das wir verdient haben, ein Auto kaufen. Aber dieses Auto ist wiederum mit vielen anderen Wünschen und Bedürfnissen verbunden. Wir möchten damit bequemer zur Arbeit fahren. Wir möchten mit unserer Familie, mit dem Lebenspartner oder mit Freunden spazieren fahren und Spaß haben. Selbstverständlich ist mit diesem Auto auch unser Wunsch nach Anerkennung und Prestige verbunden. Wir wollen damit unsere Selbstachtung steigern, Kollegen, Nachbarn und Geschäftspartner beeindrucken und ihnen zeigen, wie erfolgreich wir sind.

Allein dieses Beispiel mit dem Auto zeigt, dass unsere Wünsche zwar an sich wichtig sind, dass sie aber auch für vieles andere stehen, was für unser Leben, für unser Wohlbefinden, für unsere Zufriedenheit, für unsere Motivation von großer Bedeutung ist. Der Wunsch und die Notwendigkeit, Geld zu verdienen, steht in engem Zusammenhang mit allen anderen Lebensbereichen.

Es gibt in unserem Leben nichts, was wichtiger wäre als die Beziehung zu unseren Mitmenschen.

Mit den zwischenmenschlichen Beziehungen verhält es sich nicht anders. In unserer Partnerschaft wollen wir nicht nur unsere Sexualität ausleben oder unsere Attraktivität beweisen. Wir wünschen uns Liebe, Zuneigung, Wärme, Geborgenheit, Sicherheit und natürlich auch hier wieder Anerkennung als die Person, die wir sind. Wir selbst wollen verwöhnt werden und haben Freude daran, auch unseren Lebenspartner, unsere Familie zu verwöhnen. Ob

wir uns wohl fühlen, ob wir motiviert sind, Tag für Tag in unserem Beruf Spitzenleistungen zu bringen, ist von der Qualität unserer Beziehungen nicht zu trennen.

Selbst die schönsten Freizeitaktivitäten führen nur zu mehr Lebensfreude, wenn wir sie mit anderen gemeinsam ausüben.

Auch Essen und Trinken dient nicht nur dem Überleben. Wir wollen schließlich nicht nur unseren Hunger und Durst stillen. Wir kochen für andere, um unsere Zuneigung auszudrücken. Wir wollen mit unserer Familie, mit unserem Lebenspartner, mit Freunden gemeinsam essen und trinken. Wir wollen beim Essen Geselligkeit erleben, Spaß haben, lachen, eine anregende Unterhaltung führen. Dabei achten wir nicht immer nur darauf, dass das, was wir zu uns nehmen, ernährungsphysiologisch den höchsten Ansprüchen genügt. Obwohl wir wissen: Je gesünder wir uns ernähren, umso energiereicher fühlen wir uns, umso besser verarbeiten wir den Stress im Beruf.

Auch Sport treiben wir nicht nur, um unsere Fitness zu steigern oder aus Freude an der Bewegung. Wir wollen unsere körperliche Leistungsfähigkeit testen, einen spielerischen Kampf gewinnen, Gemeinschaft mit Gleichgesinnten erleben, Freunde treffen und natürlich etwas für unsere Gesundheit tun.

Die meisten Menschen beschreiben Glück als ihren seelischen Zustand in Augenblicken, wenn das Bewusstsein harmonisch geordnet ist und sie etwas um der Sache selbst willen tun.

Mihaly Csikszentmihalyi, Professor für Psychologie und »Flow«-Forscher

Darüber hinaus haben wir alle ein großes Bedürfnis an Sicherheit, an Geborgenheit, an Ordnung und an Angstfreiheit, alles Zustände, die wiederum eng mit unserem beruflichen Erfolg und unserem privaten Leben zusammenhängen. Wir haben neben all diesen Dingen auch das Bedürfnis, unseren geistigen Hunger zu stillen, unser Wissen zu erweitern, unsere Kreativität auszuleben, unsere angeborene Neugierde zu befriedigen, unseren Horizont zu erweitern, fremde Länder kennen zu lernen, über uns und unser Leben nachzudenken und auch über die sichtbare und greifbare Welt hinauszudenken, den tieferen Sinn unseres Lebens zu ergründen. Wir wollen eine Antwort auf die Frage nach dem Sinn unseres Lebens finden.

Es ist also ganz deutlich: In keinem unserer Lebensbereiche stehen unsere Bedürfnisse und Wünsche isoliert. Immer bilden sie ein Geflecht mit allen möglichen, scheinbar isolierten Bedürfnissen. Und immer stehen sie in enger Beziehung zu unserer ganzen Person, zu unserem Umfeld. Sie sind auf das Engste miteinander verknüpft.
Was ergibt sich aus dieser Erkenntnis für unsere Lebensplanung, für unser Lebensmanagement?

Das Balance-Modell

Betrachten Sie das folgende Balance-Modell sehr genau. Hier stehen nicht die Arbeit und das Geldverdienen im Mittelpunkt. Unser Ich, unsere Lebenszeit steht im Mittelpunkt, und die Bereiche Leistung – Beziehungen – Gesundheit – Lebenssinn sind gleichberechtigt um diese herum verteilt. Zwischen den einzelnen Lebensbereichen besteht jeweils eine direkte gegenseitige Abhängigkeit.
Dieses Modell zeigt uns ganz deutlich, dass wir gar nicht anders können als in allen Lebensbereichen in Balance zu leben, wenn wir auf die Dauer gesund, glücklich, zufrieden und erfolgreich bleiben wollen. Es geht um die Balance zwischen erhöhten Leistungsanforderungen, zwischen Tempo, Druck, Stress auf der einen Seite und um die Verwirklichung von privaten Wünschen, Bedürfnissen, Gesundheit, persönlichen Lebenszielen und Lebenssinn auf der anderen Seite.

Jeder von uns ist mit all den Kräften der Intelligenz, der Fantasie und der Kreativität ausgestattet, die er benötigt, um ein glückliches Leben zu führen.

Das bedeutet, um dauerhaftes Glück zu erleben, müssen wir diesen vier Bereichen jeweils dieselbe Bedeutung einräumen. Das heißt nicht unbedingt dasselbe Maß an Zeit, aber dasselbe Maß an Intensität. Unser Leben können wir auf Dauer nur in Balance halten, wenn wir einen Ausgleich zwischen diesen vier Bereichen finden. Glück und Erfolg umfasst alles, was uns Freude und innere Befriedigung verschafft. Daher müssen wir eine Übereinstimmung von Körper, Geist und

Seele anstreben und einen vernünftigen Ausgleich zwischen den unterschiedlichsten Interessen herbeiführen.

Ihr Leben muss von dem Bewusstsein geprägt sein, dass Sie täglich ein wenig besser werden, um so mit der Zeit alle Schätze ans Tageslicht zu bringen, die in Ihnen verborgen sind.

Eine vernünftige Lebensgestaltung schließt das Entweder-Oder aus. Die totale Ablehnung von beruflicher Leistung oder Verpflichtung im persönlichen Bereich mit dem Ziel der Selbstverwirklichung ist genauso schädlich wie die totale Hingabe an den Beruf, an materiellen Wohlstand bei Vernachlässigung der Gesundheit und der zwischenmenschlichen Beziehungen.

Sinn & Zweck
Was sind meine Visionen? Wo will ich in meinem Leben hin? Was will ich überhaupt erreichen?

Nur wenn die berufliche Arbeit Freude macht, ist Sport mehr als Lebensersatz.

Wir sind alle schon Menschen begegnet, die ihren ganzen Lebenssinn darin sehen, ihren Körper in Form zu halten. Sie verbringen den größten Teil ihrer Freizeit im Fitnessstudio, beim Joggen, Surfen und Radfahren. Sicher, sie sind fit wie ein Turnschuh, aber wir wissen alle, wie schnell darunter die Beziehungen leiden, wie wenig Zeit für die geistige Weiterentwicklung bleibt und wie schnell dadurch die berufliche Entwicklung ins Hintertreffen gerät.

Genauso wenig kann einer nur noch an seine Beziehung denken und den ganzen Tag kuscheln oder mit seinen Kindern spielen. Wer bezahlt dann die Miete, die Telefonrech-

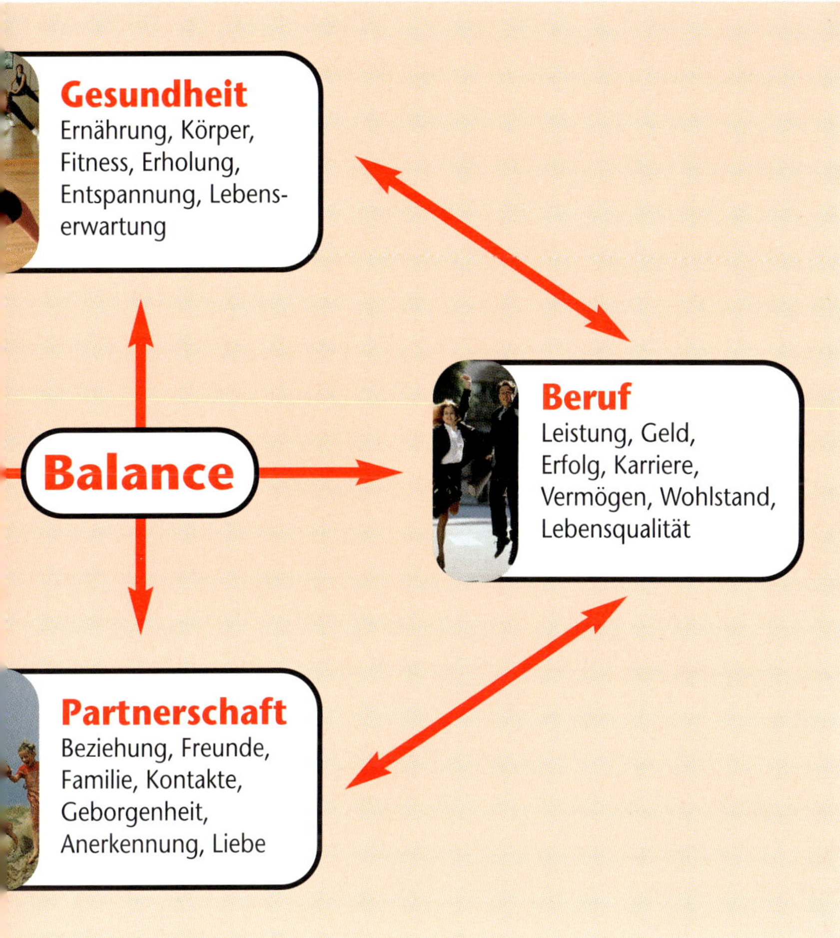

Jeder Mensch trägt in sich eine Vorstellung höchsten Glücks und höchster Erfüllung. – Warum gibt es so wenige Menschen, die daran arbeiten, diese Vorstellung in ihrem Leben zu verwirklichen?

nung und all die anderen Dinge, die wir zum Leben brauchen? Man kann am Ende des Monats nicht bei der Telekom anrufen und sagen: »Ich bin topfit, ich habe eine super Beziehung zu meiner Frau und zu den Kindern, aber leider habe ich kein Geld für die Telefonrechnung!«

Wir müssen alle Leistung bringen. Wir wollen zudem einen Beruf, der uns Freude macht, in dem wir unsere Fähigkeiten anwenden und beweisen können. Wir wollen Geld. Wir wollen Vermögen. Wir wollen Wohlstand und Anerkennung.

Wenn jemand seine Energie nicht richtig steuern kann, ist weder echter Erfolg noch echte Lebensfreude möglich!

Und noch viele andere Dinge mehr. Deshalb ist Leistung erforderlich. Jetzt gibt es in unserem Leben aber, wie wir wissen, nicht nur die Arbeit, den Beruf, die Karriere. Wir möchten auch Kontakte mit anderen Menschen. Das heißt, wir führen eine Partnerschaft. Wir haben eine persönliche Beziehung. Wir haben auch Beziehungen zu Freunden, zu Kollegen. Zu unserer Familie.

Wir können also nicht nur schuften, schuften, schuften, 18 Stunden am Tag, am besten noch in der Firma schlafen und die Beziehungen zu unserem Lebenspartner, zu unserer Familie, zu unseren Kindern mit dem vielen Geld aufwiegen, das wir dann verdienen. Das geht vielleicht für einen bestimmten Zeitraum. Wenn wir z.B. ein eigenes Geschäft aufbauen, ist es sicherlich notwendig. Irgendwann aber interessiert uns dieses Ziel gar nicht mehr, weil wir einsam sind,

weil wir uns körperlich unwohl fühlen, weil wir uns geistig leer fühlen und anfangen, unter Depressionen zu leiden. Plötzlich wird uns klar, dass wir nicht dafür auf die Welt gekommen sind, um nur zu arbeiten und alles andere zu vernachlässigen. Wir suchen in der Partnerschaft die Geborgenheit und Anerkennung, die uns unter Umständen in unserem Beruf fehlt. Aber das funktioniert, wie wir alle wissen, leider nicht immer reibungslos. Wir kommen mit einem super Erfolgsgefühl von unserer Arbeit nach Hause. Wir berichten begeistert von dem Riesenabschluss, den wir geschafft haben – und der Lebenspartner ist sauer, weil er uns seit Tagen nicht mehr gesehen hat und wir auch keine Zeit zum Telefonieren hatten. Der Knatsch ist vorprogrammiert. Was passiert aber, wenn das ganze Wochenende zu Hause Knatsch herrscht? Da gibt es im Kopf leider keinen Schalter,

Lebe in der Gegenwart! Das ist die wichtigste Lektion, die wir zu lernen haben.

Wirklich erfolgreich werden nur die Menschen, die lernen, erst zu geben, ehe sie nehmen.

Die Analyse von Misserfolgen ist nur sinnvoll, wenn sie zu besseren Lösungen führt. Wenn sie nur der Suche nach Schuldigen dient, ist sie reine Zeitvergeudung.

der ein- und ausschaltet zwischen privat und Geschäft. Das heißt, wir gehen am Montagmorgen in die Firma und müssen wieder Leistung bringen. Wir müssen topfit sein. Der Arbeitgeber erwartet hundertprozentige Arbeitsleistung. Können wir die bringen, wenn die Gedanken noch zu Hause sind, bei dem Ärger, den wir am Wochenende hatten?
In Gedanken steigern wir uns durch die bohrenden Fragen in eine ganz negative Haltung. Dieses Problem quält uns viel mehr, als wir selber wahrhaben wollen. Wir fragen uns die ganze Zeit: »Was bedeutet diese tief greifende Verstimmung für die weitere Partnerschaft? Ist das der Anfang vom Ende? Ist mein Lebenspartner überhaupt noch zu Hause, wenn ich abends zurückkomme?« Angst vor dem Alleinsein entsteht. Die Gedanken sind nicht bei der Arbeit, weil wir eben keinen Schalter haben zum Umschalten. Und so ist die Leistung am Montagmorgen im Keller. Am liebsten würden wir zu Mittag schon wieder nach Hause gehen und dort nach dem Rechten sehen.
Interessiert das den Chef, warum wir unsere Leistung nicht bringen? Nein, nicht im Geringsten. Der will Leistung, denn schließlich bezahlt er uns dafür. Der Chef wird ungeduldig, wenn er spürt, dass wir nicht bei der Sache sind und bürdet uns noch mehr Arbeit auf, droht mit Konsequenzen, die wiederum die finanzielle Sicherheit und damit auch die Partnerschaft bedrohen. Das heißt, wir müssen noch mehr schuften, noch mehr malochen, um dieselbe Arbeitsleistung zu bringen.

Ein voller Kühlschrank kann das Alleinsein nicht ausgleichen!

Oder nehmen wir an, Sie sind Unternehmer und arbeiten mit Bankkrediten. Interessiert das die Bank, ob Sie zu Hause Krach haben, ob es in Ihrer Partnerschaft drunter und drüber geht? Nicht im Geringsten. Die wollen am Ende des Monats die Zinsen, die Amortisation, das ausgeglichene Konto. Ob Sie Stress haben zu Hause, das interessiert die nicht. Sie müssen also Leistung bringen. Wie ein Spitzensportler. Das heißt, gerade als Unternehmer müssen Sie einen noch höheren Einsatz bringen, um die gewünschten Resultate zu erzielen.

Ordnen Sie Ihr Leben

Beruf und Beziehungen sind also keine getrennten Bereiche. Sie sind unmittelbar aufeinander bezogen. Sie können mit Halsschmerzen und Fieber ins Büro gehen und beinahe dieselbe Leistung bringen, wie wenn Sie gesund sind. Wenn aber Ihr seelisches Gleichgewicht aus den Fugen geraten ist, ist auch in Ihrer beruflichen Sphäre Alarmstufe Rot. Daraus ergibt sich eine zwingende Notwendigkeit: Sie müssen Ihren privaten Bereich in Ordnung bringen, wenn Sie beruflich erfolgreich sein wollen. Sie müssen ein klärendes Gespräch führen. Notfalls müssen Sie sogar Entscheidungen treffen, die Ihre Bequemlichkeitszone ganz stark in Unruhe versetzen.

Wer große Probleme mutig und entschlossen anpackt, bringt mit einem Schlag auch viele kleine Probleme zum Verschwinden.

Viele Menschen begehen gerade in diesem Punkt einen verhängnisvollen Fehler. Sie versuchen, eine Lösung ihrer Beziehungsprobleme dadurch herbeizuführen, dass sie sich noch mehr in die Arbeit stürzen. Sie wollen aus der Konfliktzone flüchten. Was passiert dabei ganz zwangsläufig? – Richtig, das Fundament, auf dem diese Beziehung ruht, wird immer brüchiger. Und eines Tages kommen sie nach Hause und finden den berühmten Zettel am Kühlschrank: »Mach's gut – aber ohne mich!«

Viele Menschen glauben, man kann im Beruf Profi sein und im Privatleben Amateur. Auf der einen Seite Tatendrang, Erfolgsgefühl, Selbstbewusstsein, Schaffensfreude und alles, was zu einem erfolgreichen Menschen gehört – und zu

Hause Frust, Unsicherheit und lähmende Abkühlung der Gefühle? Das kann nicht lange gut gehen, denn damit gerät die Balance zwischen Beziehung und Beruf noch mehr außer Kontrolle.

Eine Partnerschaft, in der es ständig knistert, in der es ständig kriselt, wird auf Dauer auch den beruflichen Erfolg beeinträchtigen. Da ist es auch keine Lösung, wenn Sie sich vorübergehend zum Ausgleich für eine konfliktreiche Partnerschaft noch mehr in den Beruf stürzen! Es kommt unweigerlich der Zeitpunkt, wo diese beiden Bereiche nach Ausgleich, nach Balance verlangen.

Suchen Sie in allem, was Sie tun, die Freude, die Ihnen mehr Energie schenkt, als Sie verbrauchen.

Denn ein ungeordnetes Privatleben saugt kontinuierlich die Kraft und Energie ab, die Sie gerade in beruflich harten Zeiten so dringend benötigen. Umgekehrt nimmt eine ungeklärte berufliche Situation so viel Freude, Zuneigung und Unternehmungslust aus unserem Gefühlsleben. Das Ergebnis ist, dass die Spannungen wachsen.

Dafür gibt es eine einfache Erklärung: Kein Mensch kann sich zwei widerstrebenden Gefühlen gleichzeitig hingeben. Sie können nicht im Beruf begeistert und zu Hause missmutig sein oder umgekehrt.

Balance im Bereich Gesundheit

Was passiert aber, wenn wir uns mit 150 Prozent in die Arbeit stürzen? Das schlägt unweigerlich auf unsere Gesundheit – weil wir unserem Körper zu viel Stress zumuten, weil wir ihm zu wenig Ruhe- und Erholungspausen gönnen und weil wir keine Zeit mehr haben, Sport zu treiben, machen sich Verschleißerscheinungen bemerkbar. Wir nehmen uns auch nicht mehr die Zeit, auf unsere Ernährung zu achten. Wir stopfen gedankenlos etwas in uns hinein, achten nicht auf den gesundheitlichen Wert, den dieses Essen hat. Wir behandeln unseren Körper wie einen Müllcontainer.

Lebensweise Fragebogen

Geschlecht: ☐ weiblich ☒ männlich

Alter: 44 Jahre

Größe: 175 cm Gewicht: 83 kg

Bitte deutlich, wenn möglich in Druckbuchstaben schreiben

Nikotin:
- [x] Nichtraucher
- [ ] gelegentlich
- [ ] bis 20 Zigaretten pro Tag
- [ ] mehr als 20 Zigaretten pro Tag

Allgemeine Flüssigkeitsaufnahme in Liter: ca. 3 Liter

Alkohol:
- [ ] kein Genuss
- [x] gelegentlich
- [ ] bis 2 Gläser Wein oder Bier pro Tag
- [ ] mehr als 2 Gläser pro Tag

Kaffee:
- [ ] kein Genuss
- [x] 2 Tassen pro Tag
- [ ] mehr als 2 Tassen pro Tag

berufliche Belastung:
- [x] psychische Belastung (Stress)
- [ ] körperliche Belastung (Bewegung/Schwerarbeit)

Sport:
- [ ] kein Sport
- [ ] gelegentlich
- [x] täglich
- [ ] Leistungssport

Sportart:

Ernährung:
- [ ] regelmäßig
- [ ] unregelmäßig
- [ ] Diät
- [ ] Rohkost
- [ ] viel Obst
- [ ] sehr einseitig
- [ ] vegetarisch
- [x] vitaminreich
- [x] abwechslungsreich
- [ ] viel Wurst
- [ ] viel Käse
- [ ] sehr fetthaltig

Ernährungsform: ____________________

Allgemeinbefinden:
- [ ] keine Beschwerden
- [ ] häufige Infekte
- [ ] lustlos und müde
- [ ] erschöpft
- [ ] häufig gereizt
- [ ] Nachtblindheit
- [ ] Haarausfall
- [ ] Zahnfleischbluten
- [ ] Muskelkrämpfe

Allergien:
- [ ] keine Beschwerden
- [ ] Asthma
- [ ] Heuschnupfen
- [ ] Hautausschläge (Ekzeme)
- [ ] Nahrungsmittelallergie

Um Ihre individuellen Messergebnisse auch wirklich maßgeschneidert kommentieren zu können, benötigen wir folgende Angaben. Darum bitten wir Sie, sich einige Minuten Zeit zu nehmen und den beiliegenden Fragebogen gewissenhaft auszufüllen. Selbstverständlich werden alle Angaben vertraulich behandelt.

Herz-Kreislauf:
- [ ] keine Beschwerden
- [ ] Bluthochdruck
- [ ] Herzinfarkt/Schlaganfall
- [ ] Cholesterin (Fettstoffwechselstörungen)
- [ ] Krampfadern

Skelett:
- [ ] keine Beschwerden
- [ ] Bandscheibenleiden
- [ ] Rheuma
- [ ] Osteoporose
- [ ] Gicht

Wechseljahre:
- [ ] ich nehme Hormonpräparate
- [ ] ich nehme keine Hormonpräparate

Schlafstörung:
- [ ] ja
- [ ] nein

bestehende Schwangerschaft:
- [ ] ja
- [ ] nein

Bitte geben Sie alle Medikamente an, die Sie zur Zeit einnehmen (Möglichst in genauer Dosierung).
Dazu zählen auch homöopathische und pflanzliche Mittel, Schmerzmittel, Schlafmittel, Vitamine, Mineralstoffe, Insulin, Hormonpräparate usw.

____

____

____

____

Eigene Angaben zum allgemeinen Wohlbefinden:

____

____

____

____

____

Nähere Einzelheiten erhalten Sie im Internet unter: www.ribul.ch

Nur wer auf seine Gesundheit achtet und sich körperlich fit hält, kann auf Dauer erfolgreich sein.

Sie haben keine Zeit für ein regelmäßiges Fitness-programm? – Dann werden Sie eines Tages viel Zeit dafür haben müssen.

Dadurch sinkt natürlich ganz drastisch unser Energiepotenzial und damit unsere Leistung im Beruf. Unsere Freude in der Partnerschaft geht gegen null. Und vor allem sinkt unsere Lebenserwartung.

Unsere körperliche Leistungsfähigkeit, unsere Gesundheit und geistige Frische haben eine biologische Grundlage, die wir ständig erneuern müssen. Dafür brauchen wir Vitamine, Mineralien und Spurenelemente, die unseren Stoffwechsel optimieren. Leider sind diese wertvollen Stoffe in unserer normalen Nahrung nur noch in geringen Mengen vorhanden. Wer also mehr leisten möchte, ohne seinen Körper auszupowern, muss seinen Stoffwechsel durch entsprechende Ergänzungsmittel optimieren.

Wo bleibt unser Startkapital?

Wir kommen mit 100 Prozent auf die Welt. Alle Vitalstoffe sind vorhanden. Aber schon als Kinder und Jugendliche beginnen wir mit der falschen Ernährung. Fast Food, extrem zuckerhaltige Getränke, wenig Obst und viele Süßigkeiten, kein Frühstück und dafür Tüten voll Kartoffelchips – so sieht bei vielen Teenagern und stressgeplagten Menschen die Ernährung aus. Das Einstiegsalter in den Zigarettenkonsum sinkt drastisch. Für mehr als die Hälfte aller Vierzehnjährigen ist der regelmäßige Griff zur Zigarette eine Selbstverständlichkeit.

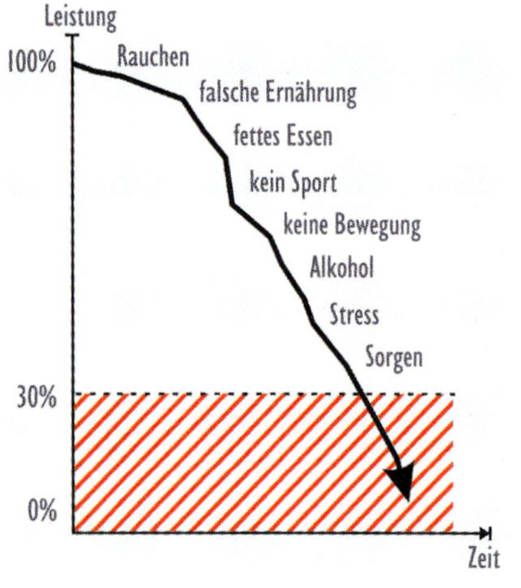

Nach dem Einstieg ins Berufsleben kommt dann noch der regelmäßige Kaffeegenuss dazu. Alkohol als Stimmungsgrundlage ausgedehnter Partys und zum Stressabbau wird zur Gewohnheit. Das

Der Weg zu sich selbst führt über den Körper. Deshalb ist gesunde Ernährung eine Forderung unseres Geistes!

geht bei den meisten Menschen erstaunlich lange gut. Es grenzt fast an ein Wunder, was der Körper über lange Jahre entschuldigt. Aber irgendwann kommen wir in einen Grenzbereich. Scheinbar plötzlich bringt der Körper nur noch 30 Prozent seiner ursprünglichen Leistung. Da ist es dann für eine echte Umkehr und Wiedergewinnung unserer Leis-

Zivilisationskrankheiten

sind alle Erkrankungen, die unter den Gegebenheiten der Zivilisation (veränderte Lebensbedingungen, Automatisation, Modernisierung) entstehen und in sehr großer Anzahl auftreten. Dazu zählen vor allem Herz-Kreislauf-, Stoffwechselerkrankungen sowie die Erkrankungen des **Bewegungsapparates**. Eine Hauptursache wird inzwischen im **Bewegungsmangel** gesehen. Zur **Prävention**/Vorbeugung und Behandlung von Zivilisationskrankheiten wird vor allem ausreichende, richtig dosierte Bewegung empfohlen. (Nachzulesen u.a. bei Dr. med. Michael Spitzbart oder Dr. med. Ulrich Strunz.)

tungskraft fast zu spät. Wir müssen sozusagen den Motor überdrehen, um auf dieselbe Leistung zu kommen wie vorher. Das bedeutet, dass wir unsere Gesundheit noch schneller ruinieren. Was passiert aber mit unserer Leistung, wenn wir körperlich nicht mehr fit sind? Sie geht in den Keller. Wir können nicht mehr so lange und effektiv arbeiten. Wir haben auch keine Freude mehr an der Arbeit.

Jede Krise ist zugleich eine Chance

Diese Einstellung zu unserem Körper, zu unserer Gesundheit kostet die Wirtschaft extrem viel Geld. Die Fehlzeiten steigen. Die Menschen beginnen der Arbeit fernzubleiben. Sie nehmen jeden Anflug von Schnupfen zum Anlass, sich krankschreiben zu lassen. Aber dieser körperliche und seelische Leistungsabfall beschränkt sich in seinen Auswirkungen nicht nur auf den Beruf.

Wenn der Körper nicht mehr gesund ist, was passiert dann mit unserer Beziehung? Haben wir da noch Lust auf Partnerschaft? Anstelle einer erfüllten Sexualität kommen die Ersatzbefriedigungen Essen, Trinken und Fernsehen.

All das zusammen bedeutet langfristigen Schmerz. Die Menschen werden noch unzufriedener. Ein regelrechter Teufelskreis beginnt. Irgendwann kommt auch der große Crash in der Partnerschaft. Die Gesundheit ist angeschlagen. Die berufliche Leistung ist im Keller. Wir fragen uns, welchen Sinn unser Leben überhaupt noch hat. Die Spirale nach unten dreht sich mit atemberaubender Geschwindigkeit – in allen Lebensbereichen. Und dann knallt es. Was folgt dann? Magengeschwür, Herzinfarkt, Nervenzusammenbruch.

Wann entscheiden wir uns, unserem Leben bewusst die richtige Balance zu geben? Immer erst, wenn es zu spät ist!
Mirko Ribul

Die Sprache zeigt uns ganz deutlich, was in solchen Zuständen mit uns passiert: Wir nehmen uns die Probleme zu Herzen, wir bekommen Beklemmungen. Der Ärger schlägt uns auf den Magen. Die Galle steigt uns hoch. Der ganze Zu-

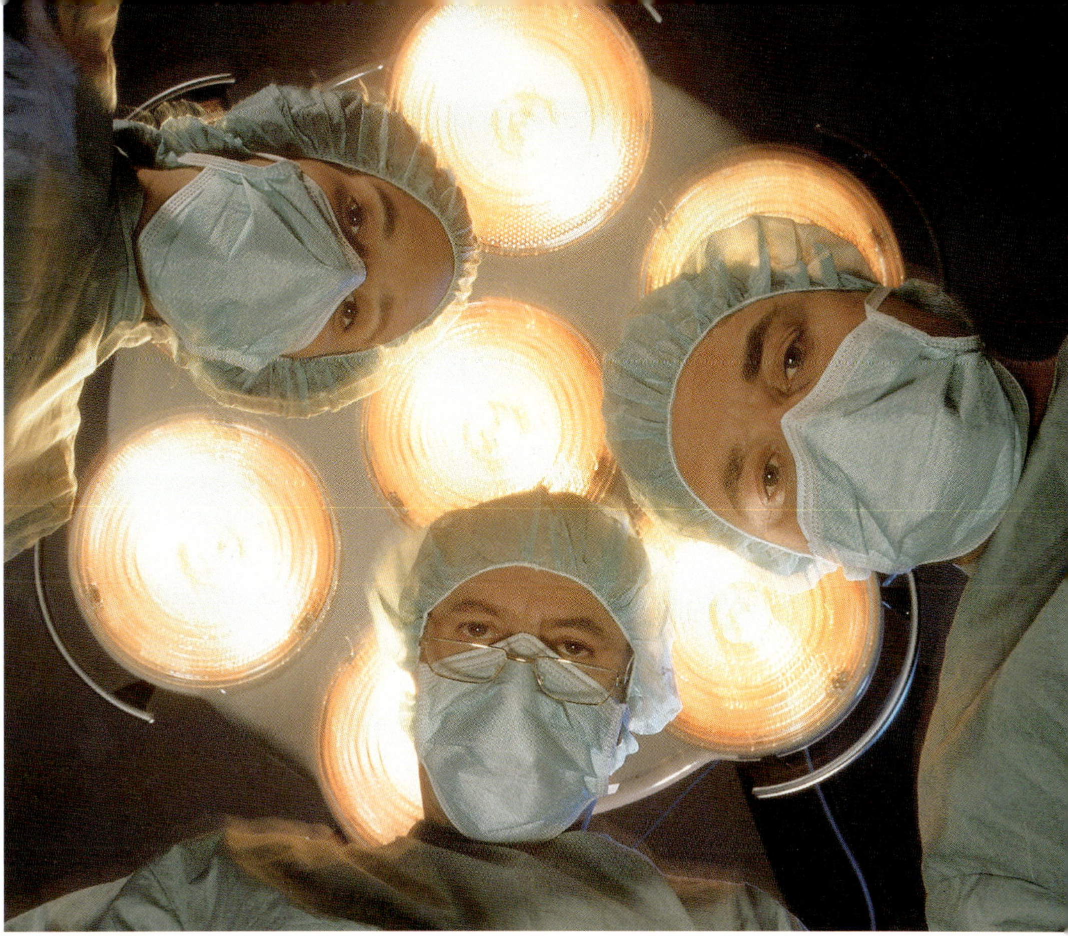

stand geht uns an die Nieren. Angst schnürt uns die Luft ab. Wir fühlen uns niedergeschlagen – als ob uns jemand einen rechten Haken ans Kinn gegeben hätte.

Wenn Sie erst einmal in diese Augen schauen, dann ist es meistens zu spät. Menschen, die den Herzinfarkt und den Durchbruch eines Magengeschwürs überlebt haben, fragen sich: »Warum passiert das mir? Und warum ausgerechnet jetzt? Jetzt, wo ich meine Gesundheit so dringend brauche. Jetzt, wo ich mein Geschäft aufbauen will, wo ich meine Eigentumswohnung abbezahlen muss, wo meine Kinder anfangen zu studieren usw.?« Zu klagen »könnte ich …, hätte ich …, wäre ich …« ist jedoch sinnlos. Wir können die Ver-

Wer nicht den Mut zum freiwilligen Aufbruch hat, wird oftmals von Katastrophen dazu gezwungen!

In der Spannung zwischen der Realität und dem Ziel erkennen wir den tiefen Sinn unseres Lebens.

gangenheit nicht mehr ändern, auch wenn viele Menschen sich gerade in diesem Rückblick ihre Lebenslügen zurechtzimmern.

Die Frage nach dem Lebenssinn

Erst dann, wenn etwas Lebensbedrohliches passiert ist, fragen wir uns: »Was hat mein Leben für einen Sinn? Wo will ich überhaupt hin in meinem Leben?«

Der Weg ist das Ziel! Aber ohne Ziel gibt es keinen sinnvollen Weg.

Plötzlich taucht die große Sinnfrage auf, die wir ein halbes Leben lang mit Termindruck, mit Leistungsdruck, mit hektischen Vergnügungen weggedrängt haben. Plötzlich ist der Augenblick gekommen, wo wir uns erst einmal klar werden müssen, was die eigenen Wünsche, die eigenen Ziele und

Hoffnungen in diesem Leben sind und uns fragen sollten: »Was habe ich überhaupt für Träume und Visionen? Was will ich alles in diesem Leben erreichen? In den unterschiedlichen Lebensbereichen, die, wie ich endlich erkannt habe, alle zusammenhängen.«

Den Lebenssinn finden

Zum Glück gibt es eine Reihe von Möglichkeiten, auf dieser Abwärtsspirale umzukehren, ehe es zu spät ist. Sie müssen sich nur rechtzeitig der Frage stellen, wie Sie die richtige Balance in Ihrem Leben verwirklichen können.

Darüber können Sie sich durch Gespräche klar werden, durch das Lesen von Lebenshilfe-Büchern, durch den Besuch von Seminaren. Seminare sind für viele der effizienteste Weg, um in diesem Bereich zu einer Antwort zu kommen. Da befinden sie sich in einem Erfolgsumfeld. Da sind sie mit Menschen zusammen, die sich dieselben Fragen stellen, die miteinander arbeiten.

Sie können regelmäßig Kassetten hören, um sich auf dem Weg ins Büro oder zu einem Kunden von einer CD in den richtigen Erfolgszustand versetzen zu lassen. Da gibt es heute wirklich ganz tolle Möglichkeiten. Das Angebot ist beinahe unerschöpflich.

Dennoch ist das zunächst alles Theorie. Sie können bis an Ihr Lebensende Seminare besuchen, sich auf Power-Days psychisch in einen Topzustand beamen lassen, Erfolgsrezepte studieren – und trotzdem dort stehen bleiben, wo Sie sich seit Jahren befinden. Für manche Menschen ist das eine ganz besondere Form von »Aufschieberitis«. Sie kommen vor lauter Information nie zum Handeln.

Die zeitliche Begrenztheit unseres Daseins ist die große Herausforderung an unser positives Denken und vor allem an unser persönliches Handeln.

Es bleibt aber nichts anderes übrig, Sie müssen dieses Wissen in die Praxis umsetzen! »Entscheide dich jetzt!« ist das Gegenteil von »Warte, bis du alle Bücher gelesen hast, die je zum Thema Motivation geschrieben wurden!« Der Anlauf zum Weitsprung beträgt auch keine 400 Meter. Er ist gerade lang genug, um den Springer auf Höchstgeschwindigkeit zu bringen.

Irgendwann müssen Sie die Kraft finden, abzuspringen, sich für das Handeln zu entscheiden. Sie müssen den ersten Schritt tun. Der fällt schwer. Wie beim Raketenflug braucht man für den Start die meiste Energie. Deshalb ist es ratsam, sich für diesen Start in ein neues Leben einen Rahmen zu suchen, der einem das erleichtert. Der erste Schritt fällt viel leichter, wenn man ihn zum Beispiel in einem Seminar zusammen mit anderen geht. Dort befindet man sich in einem Erfolgsumfeld, in dem alle dasselbe Bestreben haben. Sie wollen alle aufbrechen in Richtung Erfolg.

Aber auch Seminare nützen nur, wenn Sie selbst konkrete Vorstellungen von Ihrem Leben entwickeln, wenn Sie sich Ziele setzen, die im Einklang mit Ihrer »Lebensbalance« stehen.

Sie müssen eine Vorstellung für alle vier Lebensbereiche bekommen: Wo wollen Sie in Ihrer Partnerschaft hin? Wie stellen Sie sich eine Beziehung vor? Wie viel Zeit möchten Sie für Ihre Beziehung, für Ihre Familie oder für Ihre Freunde haben? Welche Ansprüche stellen Sie überhaupt an Ihren Freundeskreis? Wollen Sie nur oberflächlich Spaß haben, sich mit belanglosem Gerede unterhalten, oder sollen diese Freundschaften tiefer gehen? Suchen Sie Freunde, die auch noch da sind, wenn es Ihnen einmal nicht so gut geht?

Die Frage, die wir im Grunde jeden Tag aufs Neue lösen müssen, ist doch, wie wir unser Leben von seelischem und geistigem Leerlauf befreien können – im Beruf, in der Partnerschaft, in allen Lebensbereichen.

Wo wollen Sie mit Ihrer Karriere hin? Was wollen Sie leisten? In welcher Richtung wollen Sie sich betätigen? Was sind Ihre Wünsche? Können Sie das Angenehme mit dem Nützlichen verbinden? Vielleicht werden Sie Programmierer und liegen mit dem Laptop irgendwo in Hawaii am Strand. Tagsüber tauchen Sie und abends arbeiten Sie ein paar Stunden an Ihrem PC und erledigen von dort Ihre Börsengeschäfte.

Wollen Sie Karriere machen? Wollen Sie sich selbstständig machen? Wollen Sie ein Unternehmen gründen, neue Arbeitsplätze schaffen, anderen Menschen eine Chance geben, Wohlstand zu erreichen und dadurch auch selbst zu Wohlstand zu gelangen? Was für Vorstellungen haben Sie von finanzieller Unabhängigkeit?

Die Kraft der Fantasie kann an jedem Ort dieser Erde wirksam werden!

Wie soll Ihr Körper in Zukunft aussehen? Wollen Sie Jahr für Jahr einen weiteren »Rettungsring« anlegen und in diesem Rhythmus neue Kleidung kaufen oder lieber Ihre Einstellung zu Ihrem Körper verändern und dynamisch, vital und schlank werden? Flexibel, kraftvoll? Wach im Kopf?

Wie bei unserem Lebenstraum brauchen wir auch im Bereich Gesundheit und Körper eine klare Vorstellung von unserem Idealbild.

Auch beim Schachspiel ist der der Gewinner, der mit einer klaren Strategie seine Züge vorausplant.

Wenn Sie auf all diese Fragen Antworten gefunden haben, dann können Sie sich auch mal fragen, welchen Weg Sie gehen möchten. Denn erst wenn Sie wissen, wohin Sie wollen, können Sie den Weg antreten. Ohne diese Fragen und Antworten laufen Sie ziellos umher.

Die Ziele erreichen

Für jeden Menschen ist der Sinn des Lebens ein anderer. Denn jeder Mensch ist von anderen Motiven getrieben. Warum ist es so wichtig, dass wir uns über unsere Lebensmotive ein möglichst klares Bild verschaffen? Weil wir nur mit den Dingen erfolgreich sein werden, die unserer individuellen Persönlichkeitsstruktur entsprechen. Nur im Einklang mit unserem wahren Potenzial, mit unseren ureigenen Interessen und Lebensmotiven können wir unsere Lebensziele entwerfen.

Erfolg haben nur diejenigen, die sich Ziele setzen.

Erfolg wiederum entsteht nur dann, wenn wir uns über unsere Lebensziele Klarheit verschafft haben. Die meisten Menschen, die sich über Erfolglosigkeit in ihrem Leben beklagen, haben keine Lebensziele bzw. nur ganz vage Vorstellungen von dem, was ihnen das Schicksal zukommen lassen soll.

Wenn Sie also in Ihrem Leben Erfolg erzielen und den Sinn darin finden wollen, ist der erste, unabdingbare Schritt, die Ziele klar zu definieren. Das muss nicht immer gleich das ganz große Lebensziel sein. Es gibt auch so genannte »Lebensabschnittsziele«. Das Wichtigste dabei ist nur, dass Sie sich in Ihrer Vorstellungskraft Ziele schaffen, von denen Sie in Ihrem Innersten überzeugt sind, dass sie Ihrem Wesen, Ihrer Persönlichkeit und vor allem Ihrem gesamten Potenzial entsprechen. Solange Sie diese Ziele nicht gefunden haben, werden Sie sich zwangsläufig im Kreis bewegen, in die Irre gehen oder auf der Stelle treten.

Viele Menschen wissen, was sie nicht wollen, aber nicht, was sie wollen.

Der Grund für die Erfolglosigkeit, unter der viele Menschen leiden, liegt oft auch darin, dass sie ihre Ziele negativ formulieren. Sie können das in vielen Gesprächen beobachten, in denen es um Erfolg und Leistung geht. Da können Sie Sätze hören wie: »Nein, das möchte ich nicht, und das würde mir schon gar nicht gefallen und das kommt für mich überhaupt nicht in Frage!« Viele Menschen wissen sehr viel genauer, was sie nicht möchten, und formulieren das auch sehr präzise, aber sie haben keinen blassen Schimmer, welche persönlichen Ziele sie für erreichbar halten. Da heißt es dann ganz allgemein: »Ich möchte, dass es mir besser geht – irgendwie!« Aber das ist kein Ziel, noch nicht einmal eine Absichtserklärung. Nur eines steht unverrückbar fest: »Ohne Ziel kein Erfolg!«

»Entscheide dich jetzt!« setzt also voraus, dass Sie Ihr Lebensziel bzw. Ihre Lebensziele kennen. Wie finden Sie aber zu diesen Lebenszielen? Wie finden Sie heraus, was Ihrem Wesen wirklich entspricht? Viele Menschen glauben zwar, ihre Vorlieben und Abneigungen recht genau zu kennen, das bedeutet aber noch lange nicht, dass diese ihrem innersten Wesen tatsächlich entsprechen. Sie finden oft erst nach langen und mühevollen Umwegen heraus, dass sie sich Lebenszielen verpflichtet haben, die gar nicht ihre eigenen sind. Da sind die Eltern, die Familie, der Lebenspartner, die Freunde, das ganze gesellschaftliche Umfeld, die großen Einfluss auf sie ausüben und sie mit ihren Wünschen und Erwartungen in eine Richtung lenken, die vielleicht gar nicht ihrem eigentlichen Antriebsmotiv entspricht.

»Erkenne dich selbst« ist eine der schwierigsten Aufgaben im Leben.

Die uralte Aufforderung, die schon über dem Orakel von Delphi stand »Erkenne dich selbst!«, ist eine der schwierigsten Aufgaben, die das Leben für uns bereit hält. Woher wissen wir, wer wir in Wirklichkeit sind? Wie können wir herausfinden, was uns zu Spitzenleistungen antreibt?

Die 16 Lebensmotive

Die Untersuchungen von Steven Reiss

Der Psychologe Steven Reiss von der Ohio State University hat dazu wissenschaftliche Studien betrieben – mit bahnbrechenden Ergebnissen.[1] Weitestgehend unbeachtet von europäischen Fachkollegen hat er seine Erkenntnisse darüber veröffentlicht, was uns Menschen wirklich antreibt. In seinen intensiven Befragungen und Untersuchungen an über 7000 Männern und Frauen in den USA, in Kanada und in Japan hat er herausgefunden, dass fast alles, was wir tun, auf 16 Grundmotive zurückzuführen ist. Diese Grundmotive entsprechen den fundamentalen Bedürfnissen und Wer-

[1] Quelle: Helmut Fuchs, Andreas Huber: *Die 16 Lebensmotive. Was uns wirklich antreibt.* Deutscher Taschenbuch Verlag, München 2002

ten, auf die wir in einer höchst individuellen Weise alle unsere Handlungen zurückführen können. Wir treffen ständig Entscheidungen – oder auch nicht, aber auch das ist eine Entscheidung. Und diese stündlich, ja minütlich getroffenen Entscheidungen bestimmen letzten Endes den Verlauf unseres Lebens. Doch aufgrund welcher psychischen Disposition wir diese Entscheidungen fällen, ist uns in den seltensten Fällen wirklich bewusst.

Jeder Mensch ist hinsichtlich seiner Grundmotivationen einzigartig.

Während im Allgemeinen immer noch die sehr undifferenzierte Vorstellung vorherrscht, dass die Menschen in all ihren Bedürfnissen gleich sind, stellt Steven Reiss ganz eindeutig die These auf: »Jeder Mensch ist in der jeweiligen Ausprägung seiner Grundmotivation einzigartig!« Er vergleicht das mit dem individuellen Fingerabdruck, den jeder Mensch besitzt. Zwar spielen die 16 Lebensmotive, die Steven Reiss herauskristallisiert hat, bei jedem Menschen in der einen oder anderen Weise eine Rolle, aber sie sind bei jedem Menschen anders gewichtet.

Die 16 Lebensmotive bestimmen unsere Wünsche und Werte.

Diese 16 Lebensmotive, in denen sich unsere Wünsche und Werte verbergen, die die Art und Weise bestimmen, in der wir uns mit unserer Umwelt und mit unseren Mitmenschen auseinander setzen – sie bilden den Stoff, aus dem unser ganz spezifischer Lebenserfolg sich zusammensetzt.

Reiss' neues Motiv- und Persönlichkeitskonzept unterscheidet sich fundamental von bisherigen Modellen der Motivationspsychologie, da es menschliches Handeln nicht auf einige wenige vermeintlich absolute Motive oder Triebe reduziert.

Individuelle Muster

Damit hat Steven Reiss bei seinen jahrelangen Forschungen etwas herausgefunden, was uns sehr stolz machen sollte. Jeder von uns ist sehr viel individueller und einzigartiger, als Psychologen bisher glauben wollten. Auch Sigmund Freud war der Ansicht, dass alle Menschen im Großen und Ganzen von denselben Trieben, Wünschen und Begierden angetrieben werden. Er führte letzten Endes alles auf die Sexualität, auf die Libido als Hauptantriebskraft zurück. Sein Kollege Alfred Adler setzte an die Stelle der Libido den Machttrieb, während Abraham H. Maslow immerhin eine ganze »Bedürfnispyramide« aufstellte und davon ausging, dass alle Menschen zur Selbstverwirklichung und zum Erreichen ihres persönlichen Glücks alle Stufen dieser Pyramide in derselben Weise erklimmen müssen.

Libido und Machttrieb sind längst nicht die einzigen Antriebskräfte.

Das stimmt, wie wir jetzt dank Steven Reiss wissen, nur sehr bedingt. Das menschliche Handeln lässt sich nicht auf einige wenige, vermeintlich »absolute« Motive oder Triebe reduzieren. Es gibt keine zwei Menschen, die exakt von denselben Motiven gesteuert werden. Was treibt den einen in die Welt hinaus, ständig auf der Suche nach Abenteuern, während der andere am liebsten Jahr für Jahr an denselben Urlaubsort fährt, weil er sich dort auskennt und vor Überraschungen sicher sein kann? Warum fühlen sich die einen nur wohl, wenn sie im grellen Rampenlicht stehen und alle Mikrophone und Teleobjektive auf sie gerichtet sind, während andere schon bei dem bloßen Gedanken, eine Rede halten zu müssen, Herzklopfen und Schweißausbrüche bekommen? Diese Unterschiede sind mit Sicherheit nicht nur in den Genen verankert. Auch nicht in der Erziehung, denn sonst müssten sich Geschwister in ihren Lebenszielen sehr viel ähnlicher sein. Es muss also andere Gründe für diese Unterschiedlichkeit geben.

Die Unterschiede sind zum Teil angeboren.

Der Persönlichkeitsforscher Reiss betont: »Was die Menschen so einzigartig macht, ist die jeweilige Kombination ihrer Bedürfnisse.« Besonderen Wert legt Reiss auf die individuellen Grundlagen: So wie kein Lebensmotiv von zwei Menschen identisch erfahren oder gestaltet wird, geht es – im Gegensatz zu vielen anderen Motivationskonzepten –

letztlich auch gar nicht darum, dass alle Menschen diese 16 Lebensmotive teilen. Es geht einzig und allein darum, wie sehr sie sich in der unterschiedlichen Gewichtung dieser Motive unterscheiden.

Wer weiß, was ihn antreibt, findet Entscheidungen und steht dazu.

Die Forschungen von Reiss haben enorme praktische Konsequenzen: für das individuelle Lebensglück ebenso wie für Erziehung, für Familie und Partnerschaft oder für den beruflichen Erfolg. Ein Workaholic muss nicht notwendigerweise krank sein. Menschen, die ihren Beruf oder ihre Berufung gefunden haben, sind glücklich, wenn sie arbeiten können. Nicht jeder, der viel arbeitet, ist auf der Flucht vor unlösbaren Lebensproblemen oder versucht eine innere Leere auszufüllen. Es gibt zahlreiche Menschen, die gerne viel und hart arbeiten, weil sie von einem ausgeprägten Interesse an Macht, an Leistung oder an sozialem Status angetrieben werden. Pablo Picasso, der ein ungewöhnlich umfangreiches Lebenswerk hinterlassen hat, beschrieb dieses Lebensgefühl einmal so: »Nichtstun erschöpft mich. Nur wenn ich arbeite, entspanne ich mich!« Der überaus erfolgreiche Medienunternehmer Josef von Ferenzcy formulierte dieses Bedürfnis nach Arbeit in einem Interview zu seinem achtzigsten Geburtstag mit den Worten: »Entweder ich bin am Schreibtisch oder auf dem Friedhof!«

Auch Workaholics können glücklich sein.

Diese individuellen Antriebs- und Werteprofile beeinflussen auch unsere Beziehungen. So wie wir uns intuitiv zu Menschen hingezogen fühlen, die ähnliche Werte haben wie wir, so können wir letztlich nur in solchen Freundschaften oder Partnerschaften glücklich werden, in denen die deutlich ausgeprägten Lebensmotive und Lebensziele übereinstimmen. Umgekehrt bedeutet das: Wir erschweren uns das Leben in unerträglicher Weise, wenn wir in Partnerschaften leben, in denen wir wegen unterschiedlicher Motive und Interessen ständig miteinander in Konflikt geraten. Hinzu kommt, dass wir im Bereich unserer Lebensmotive meist sehr ichbezogen

Viele Menschen fällt es schwer, die anderen zu verstehen.

denken und handeln. Das sind die Diskussionen, die meistens mit dem Satz beginnen: »Wie kann man nur ... ?« Wir verstehen im Alltag oft nicht, dass andere Menschen von ganz anderen Motiven, Interessen, Wünschen und Werten angetrieben werden wie wir.

Diese Einstellung trennt die Menschen wie ein unüberbrückbarer Graben. In ganz persönlichen Partnerschaften ebenso wie im Zusammenleben unterschiedlicher Kulturen. Je mehr jemand in solchen Eigenperspektiven gefangen ist, desto größer wird die Gefahr, eigene Motive auf Partner, Freunde und Kollegen zu projizieren. So entstehen viele Missverständnisse, Konflikte und tiefe Risse.

Stark unterschiedliche Motivationsprofile können vor allem eine Partnerschaft belasten. Während am Beginn einer Partnerschaft gerade das Andersartige am Gegenüber attraktiv erscheint, wird das Übereinstimmende im Laufe der Partnerschaft immer wichtiger. Wie Reiss im Lauf seiner Studien herausfand, sind die Motivprofile von Partnern in dauerhaften Beziehungen sehr viel ähnlicher als diejenigen von Paaren, die sich getrennt haben. So scheint es gerade angesichts einer immer weiter steigenden Scheidungsrate geboten, die »Verträglichkeit« von existenziell wichtigen Werten und Motiven mit dem Lebensmotiv-Test zu klären.

Ändern können wir uns nur selbst, niemals die anderen.

Die Hoffnung, der andere werde sich im Lauf des Zusammenlebens in dem einen oder anderen Punkt schon noch »zu meinen Gunsten« verändern, ist äußerst trügerisch. Das Motiv-Profil eines Menschen ist sehr stabil. Auch wenn einschneidende Lebenserfahrungen oder Entwicklungsprozesse zu grundlegenden Wesensveränderungen führen können, charakterisiert dieses Profil unsere Persönlichkeit im Allgemeinen dauerhaft.

Neugierige Kinder werden auch als Jugendliche und Erwachsene offen und interessiert durchs Leben gehen. Menschen, die gerne planen und organisieren, werden in den seltensten Fällen zu einer Lebenseinstellung finden, alles auf sich zukommen zu lassen. Und Menschen mit einer ausgeprägten Lust am Essen werden sich wohl lebenslang mit ihrem Gewicht plagen.

Gruppen- und geschlechtsspezifische Ähnlichkeiten

Trotz aller Individualität zeigt das Reiss-Profil aber auch viele gruppen-, schicht- oder geschlechtsspezifische Muster.

Frauen reagieren sensibler auf Stress.

Frauen formulieren beispielsweise deutlich mehr Ruhebedürfnisse und reagieren stress- und angstsensibler, während männliches Verhalten stärker von den Motiven Eros und Rache bestimmt wird. Überraschenderweise ist das Lebensmotiv Familie bei beiden Geschlechtern in etwa gleich stark ausgeprägt.

Religiöse und nicht religiöse Menschen unterscheiden sich besonders in ihrem Streben nach Unabhängigkeit.

Wie sich religiöse von nicht religiösen Menschen unterscheiden.

»Im Gegensatz zu Menschen, die frei und unabhängig sein wollen, fühlen sich Gläubige besser, wenn sie stärker auf die Unterstützung und Hilfe anderer zählen können – einschließlich Gott«, interpretiert Reiss seine Befunde. Bei Gläubigen sind zudem das Motiv Ehre und der Wunsch nach Familienleben ausgeprägter, während Eros und Rache keine so große Rolle spielen.

Was uns wirklich antreibt

Das neue Motivations- und Persönlichkeitsprofil von Steven Reiss wird an einer Reihe von amerikanischen Universitäten weiter untersucht und praktisch erprobt. Wie erste Studien zeigen, scheint es besonders im klinisch-therapeutischen Bereich, in der betrieblichen Personalentwicklung und im Marketing neue Wege zu öffnen. Das Reiss-Profil ist eine enorme Hilfe für die individuelle Lebensführung.

»Erkenne dich selbst!« bedeutet vor dem Hintergrund des Reiss-Profils: »Erst wenn wir uns vergewissert haben, was uns im Leben wirklich wertvoll ist und was uns antreibt, werden wir verstehen, wer wir sind und was der Sinn unseres Lebens ist.«

Wie sehen nun diese Lebensmotive im Einzelnen aus? Warum leben wir so, wie wir leben? Was motiviert uns, was demotiviert uns?

Diese Motive prägen uns.

Die 16 Lebensmotive

- Macht
- Unabhängigkeit
- Neugier
- Anerkennung
- Ordnung
- Sparen
- Ehre
- Idealismus
- Beziehungen
- Familie
- Status
- Rache
- Eros
- Essen
- Körperliche Aktivität
- Ruhe

Lebensmotiv Macht

Auf dem Weg zur Führungsposition.

Darin drückt sich insbesondere unser Drang nach Führungspositionen aus. Gleichzeitig beinhaltet Streben nach Macht auch Streben nach Erfolg in allen Lebensbereichen. Damit einher geht wiederum ein hohes Maß an Leistungsbereitschaft.

Lebensmotiv Unabhängigkeit

Für Menschen, denen ihre persönliche Unabhängigkeit alles bedeutet, ist es völlig unvorstellbar, für längere Zeit, wenn überhaupt, ein Arbeitsverhältnis einzugehen, bei dem sie nicht das Sagen haben. Wie sich das Streben nach vollständiger Unabhängigkeit in den persönlichen Beziehungen auswirkt, ist gut vorstellbar.

Lebensmotiv Neugier

Dieses Motiv beinhaltet alles, was mit dem Streben nach Wissen und Wahrheit zusammenhängt. Nichts als gegeben hinzunehmen, jede scheinbare Selbstverständlichkeit nach ihrer Ursache abzufragen, sich immer die Frage zu stellen, wie man Dinge noch verbessern könnte, allem auf den Grund zu gehen – das ist ein Lebensmotiv, das in Kindern ganz natürlich angelegt ist, den meisten Menschen aber durch Erziehung abgewöhnt wird. Dennoch ist Neugier das Lebensmotiv, auf das aller Fortschritt zurückzuführen ist. Bei Philosophen, Erfindern, Forschern und Entdeckern ist es besonders stark ausgeprägt.

Der Drang nach Wissen.

Lebensmotiv Anerkennung

»Welche Stellung innerhalb der Gesellschaft nehme ich ein?« Das ist die wichtigste Frage, die sich diejenigen stellen, deren Hauptantriebskraft die Anerkennung ist. Im Streben nach Anerkennung drückt sich aber auch das Bedürfnis nach Zugehörigkeit aus. Für viele Menschen ist die Anerkennung, die sie in ihrer Familie, in ihrer Umgebung, in ihrer Firma, in der Gesellschaft, in den Medien finden, das Hauptmotiv für alle ihre Handlungen. Die Anerkennung der anderen bestimmt auch ihr Selbstwertgefühl.

Lebensmotiv Ordnung

Das Bedürfnis nach Stabilität und Klarheit ist keinesfalls gering zu schätzen. Für viele Menschen scheinen sich Neugier, Kreativität, Entdeckerfreude einerseits und Ordnung andererseits auszuschließen. Wer allerdings einmal miterlebt hat, mit welcher Akribie und mit welchem Höchstmaß an Ordnung eine Entdeckungsreise oder ein Forschungsvorhaben vorbereitet werden muss, wenn sie nicht im Chaos enden soll, wird auch dieses Lebensmotiv zu schätzen lernen.

Ordnung und Kreativität schließen einander nicht aus.

Lebensmotiv Sparen

Leider werden Sparsamkeit und Geiz häufig in einen Topf geworfen. Wer jemals die großzügige Gastfreundschaft der sparsamen Schotten miterleben durfte, weiß, wie falsch dieses Vorurteil ist. Sparen dient nicht nur der Anhäufung von materiellen Gütern, der ständigen Vermehrung des Eigentums und somit der Sicherung der Existenz. Sparen ist durchaus eine Tugend der Weisen. Im sparsamen Umgang mit den Ressourcen drückt sich auch ein hohes Maß an Verantwortungsbewusstsein aus.

Lebensmotiv Ehre

Ehre als Voraussetzung für Glück.

Während sich in unserer von den Medien beherrschten Welt alles um das Image, also um etwas Äußerliches zu drehen scheint, ist das Streben nach Ehre eine Frage grundsätzlicher Prinzipien, die sich auf den Wesenskern des Menschen richten. Ehre basiert auf charakterlichen Eigenschaften wie Integrität, Gerechtigkeitssinn, Treue, Zuverlässigkeit, Einfachheit, Bescheidenheit, Mäßigung und nicht zuletzt Mut. Ehre ist eine Frage der Selbstachtung und eine Grundvoraussetzung für dauerhaftes Glück.

Lebensmotiv Idealismus

Während der Realist die Dinge so nimmt, wie sie sind und sich in seinen Anschauungen, Zielen und Handlungen an der ihn umgebenden Wirklichkeit orientiert, richtet der Idealist sein ganzes Streben darauf aus, wie die Dinge sein sollten. An die Wirklichkeit legt er den Maßstab seiner Ideale an. Der Zustand der Wirklichkeit genügt ihm in den seltensten Fällen. Er verlangt nach Vollkommenheit. Sein Ziel ist die Schaffung einer besseren und schöneren Welt. Er unterscheidet sehr genau zwischen subjektiven Wünschen und allgemein gültigen Idealen. Fairness und soziale Gerechtigkeit bestimmen sein Handeln.

Lebensmotiv Beziehungen

»Beziehungsmenschen« legen großen Wert auf dauerhafte Freundschaften, auf den Zusammenhalt des Teams, der Gruppe, des Vereins, des Kreises von Gleichgesinnten, in dem sie sich bewegen. Sie pflegen an sich die Eigenschaften, die das Zusammenleben fördern. Ihre größte Freude finden sie darin, anderen Menschen eine Freude zu bereiten. Humor und ein großzügiger Umgang mit den Eigenheiten anderer Menschen sind wichtige Merkmale ihres Naturells.

Die Wirklichkeit genügt nicht.

Lebensmotiv Familie

Ein intensives Familienleben, am liebsten in der Großfamilie, eine hingebungsvolle Erziehung der Kinder haben für diese Menschen oberste Priorität. Sie verbringen so viel Zeit wie möglich mit ihren Kindern und stellen eigene Bedürfnisse nach Freizeit eher zurück. Ihre Selbstverwirklichung finden sie in ihrer Elternrolle, und nicht selten betreuen sie nebenher auch noch andere Familienmitglieder. Wirklich glücklich sind sie nur, wenn es allen Familienmitgliedern gut geht.

Lebensmotiv Status

Dieses Lebensmotiv scheint beinahe identisch zu sein mit dem Lebensmotiv Anerkennung. Während dem einen jedoch die Anerkennung in seiner Gruppe, Familie, Firma, sozialen Schicht völlig genügt, richtet sich das Streben nach Status auf die öffentliche Anerkennung und das soziale Prestige. Dazu gehören selbstverständlich Reichtum und die notwendigen Statussymbole. Zum Lebensmotiv Status gehört ein ausgeprägter Sinn für Luxus.

Öffentliche und soziale Anerkennung.

Lebensmotiv Rache

Ein ausgeprägtes Konkurrenzdenken ist die entscheidende Antriebskraft für dieses Lebensmotiv. Der Reiz liegt dabei in dem Wissen, dass der Platz an der Spitze nur von einem besetzt werden kann. Diesen Platz zu erobern ist das Ziel des Handelns. Dazu gehört ein gesundes Maß an Aggressivität, das sich bis zu richtigen Wutausbrüchen steigern kann. Derjenige, der einem den Platz an der Spitze streitig macht oder gar erfolgreich wegnimmt, wird durchaus mit gehörigen Rachegefühlen verfolgt.

Lebensmotiv Eros

Eros, Romantik und Sexualität.

Ein erfülltes Ausleben von Erotik und Sexualität, auch jenseits gesellschaftlicher Tabus, ist häufig gepaart mit einem ausgeprägten Sinn für Schönheit und Romantik. Fantasie und Kreativität sind ein unabdingbarer Teil bei der Umsetzung dieses Lebensmotivs. Die Verwirklichung der künstlerischen Ader, der Drang nach Abwechslung in jedem Lebensbereich erfordert ein gehöriges Maß an Durchsetzungsfähigkeit.

Lebensmotiv Essen

Das Lebensmotiv der Feinschmecker.

Wenn das Essen ein starkes Lebensmotiv ist, muss das nicht unbedingt bedeuten, dass derjenige ununterbrochen isst oder ständig ans Essen denkt. Vielmehr wird einerseits auf die gesunde, raffinierte oder besonders schmackhafte Zubereitung des Essens großer Wert gelegt. Andererseits kann aber auch häufig gezielt und nach ganz bestimmten Richtlinien Diät gehalten werden. Der wahre Feinschmecker freut sich auch über seinen Hunger, weil er weiß, dass dieser den Genuss des Essens entscheidend erhöht.

Lebensmotiv Körperliche Aktivität

Ein Leben ohne körperliche Betätigung ist für diese Menschen undenkbar. Sie bevölkern die Fitnessstudios, trainieren, wenn es ihre Zeit irgendwie zulässt, am liebsten täglich. Sie sind stolz auf die Selbstüberwindung, die damit verbunden ist, auch bei schlechtem Wetter in die Joggingschuhe zu schlüpfen und loszulaufen. Ein wichtiger Teil dieses Lebensmotivs liegt auch in dem Bewusstsein, dass sportliche Betätigung gesund erhält und für einen gut aussehenden Körper unabdingbar ist.

Lebensmotiv Ruhe

Die Sehnsucht nach Harmonie, Gleichklang, emotionaler Sicherheit und völliger Entspannung lässt Menschen, die diesem Lebensmotiv huldigen, alles vermeiden, was Unruhe in ihr Leben bringen könnte. Ihr höchstes Lebensziel ist das Erreichen eines stoischen Gleichmuts, der von anderen Menschen gelegentlich als Mangel an Sensibilität eingeschätzt wird. Dabei hat göttliche Ruhe nichts mit Langeweile zu tun. Das Bedürfnis nach Unaufgeregtheit setzt in der Regel auch ein hohes Maß an vorausschauender Planung voraus. Nur so lässt sich der verhasste Zustand der Unruhe und Hetze vermeiden.

Die Suche nach Sicherheit und Entspannung.

REISS-PROFIL
Der Lebensmotiv-Test

Mit diesem Test können Sie Ihr persönliches Motiv-, Interessens- und Werteprofil erstellen.
Überprüfen Sie bei allen 16 Lebensmotiven, ob sie wichtig (+) oder weniger wichtig bzw. unwichtig (-) für Sie sind. Um Ihren Motiv-Wert +/- zu bestimmen, genügt es, wenn eine der Aussagen im Allgemeinen auf Sie zutrifft. Ziehen Sie dabei Vergleiche zu Menschen Ihres Alters.
Wenn keine der Aussagen Ihr Verhalten richtig beschreibt oder wenn manchmal das eine, manchmal das andere stimmt, dann tragen Sie den Wert 0 ein.
Es gibt keine richtigen oder falschen Antworten. Um sich ein möglichst genaues Bild von Ihren lebensbestimmenden Antrieben und Werten zu verschaffen, müssen Sie die Fragen nur ehrlich beantworten.

Bei diesem Test gibt es kein Falsch oder Richtig.

1. Macht (MA)

\+ • Ich bin ehrgeizig und karrierebewusst.

\+ • Gewöhnlich übernehme ich das Kommando.

\- • Ich bin nicht ehrgeizig oder karrierebewusst.

\- • Im Allgemeinen ordne ich mich eher unter.

0 sowohl als auch/weder noch

➛ **IHR MACHT-WERT:** ________

2. Unabhängigkeit (UN)

\+ • Selbst ist der Mann/die Frau!

\+ • Auf Ratschläge kann ich meist verzichten.

\- • Ich bin stark an meinen Partner gebunden.

\- • Ich bin nicht gerne allein.

0 sowohl als auch/weder noch

➛ **IHR UNABHÄNGIGKEITS-WERT:** ________

3. Neugier (NE)

\+ • Ich bin wissensdurstig und stelle viele Fragen.

\+ • Ich denke oft darüber nach, was Wahrheit ist.

\- • Ich stelle nur selten Fragen.

\- • Intellektuelle Betätigungen reizen mich nicht.

0 sowohl als auch/weder noch

➛ **IHR NEUGIER-WERT:** ________

4. Anerkennung (AN)

\+ • Ich mag es nicht, wenn man mich kritisiert.

\+ • Ich gebe schnell auf.

\- • Mit Kritik kann ich gut umgehen.

\- • Ich habe großes Selbstvertrauen.

0 sowohl als auch/weder noch

➛ **IHR ANERKENNUNGS-WERT:** ________

5. Ordnung (OR)

\+ • Ich habe einen ausgesprochenen Hang zur Ordnung und räume gerne auf.

\+ • Ich halte mich konsequent an Regeln.

\- • Ordnung – was ist das?

\- • Ich plane überhaupt nicht gerne.

0 sowohl als auch/weder noch

→ **IHR ORDNUNGS-WERT: ________**

6. Sparen (SP)

\+ • Ich bin ein typischer Sammler.

\+ • Viele halten mich für einen Geizkragen.

\- • Ich bin großzügig.

\- • Ein Sammler und Sparer war ich noch nie.

0 sowohl als auch/weder noch

→ **IHR SPAREN-WERT: ________**

7. Ehre (EH)

\+ • Ich bin als prinzipientreuer Mensch bekannt.

\+ • Man schätzt meine Loyalität.

\- • Jeder muss selbst schauen, wo er bleibt.

\- • Moralische Fragen interessieren mich nicht.

0 sowohl als auch/weder noch

→ **IHR EHRE-WERT: ________**

8. Idealismus (ID)

\+ • Für einen guten Zweck bringe ich auch persönliche Opfer.

\+ • Ich spende Geld oder betätige mich ehrenamtlich.

\- • Gesellschaftliche Fragen interessieren mich nicht.

\- • Soziales Engagement bringt (mir) nichts.

0 sowohl als auch/weder noch

→ **IHR IDEALISMUS-WERT: ________**

9. Beziehungen (BE)

+ • In der Gesellschaft anderer Menschen fühle ich mich glücklich.
+ • Ich bin als lebenslustiger Zeitgenosse bekannt.
- • Ich lasse nur meine Familie und einige enge Freunde an mich heran.
- • Ich lebe eher zurückgezogen.

0 sowohl als auch/weder noch

➛ **IHR BEZIEHUNGS-WERT:** ________

10. Familie (FA)

+ • Kinder zu erziehen macht mich glücklich.
+ • Ich verbringe viel Zeit mit meinen Kindern.
- • Meine Elternrolle empfinde ich meist als belastend.
- • Ich bin kein Familienmensch.

0 sowohl als auch/weder noch

➛ **IHR FAMILIEN-WERT:** ________

11. Status (ST)

+ • Ich mag Luxus.
+ • Ich beeindrucke andere gern mit dem, was ich besitze.
- • Die Reichen und die Schönen sind mir völlig egal.
- • Was andere von mir denken, interessiert mich nicht.

0 sowohl als auch/weder noch

➛ **IHR STATUS-WERT:** ________

12. Rache (RA)

+ • Ich neige zu Wutausbrüchen und bin oft aggressiv.
+ • Ich habe ein ausgeprägtes Konkurrenzdenken und hege häufig Rachegefühle.
- • Ich werde viel seltener wütend als andere und setze mich kaum zur Wehr.
- • Konkurrenzsituationen sind mir verhasst.

0 sowohl als auch/weder noch

➛ **IHR RACHE-WERT:** ________

13. Eros (ER)

+ • Ich hatte viele verschiedene Sexualpartner in meinem Leben.
+ • Ich bin ein ausgesprochener Romantiker und habe einen besonderen Sinn für das Schöne.
- • Sexualität spielt bei mir eine untergeordnete Rolle.
- • Das Schöne ist mir völlig gleichgültig.

0 sowohl als auch/weder noch

➛ **IHR EROS-WERT:** ________

14. Essen (ES)

+ • Essen ist ein wahres Lebenselixier!
+ • Ich halte häufig Diät.
- • Ich esse eigentlich nie mehr, als mir gut tut.
- • Ich hatte noch nie größere Gewichtsprobleme.

0 sowohl als auch/weder noch

➛ **IHR ESSEN-WERT:** ________

15. Körperliche Aktivität (KA)

+ • Ich habe mich schon immer körperlich betätigt.
+ • Sport zu treiben macht mich glücklich.
- • Ich war schon immer etwas träge.
- • Ein faules Leben ist ein schönes Leben.

0 sowohl als auch/weder noch

➛ **IHR KÖRPERLICHER AKTIVITÄT-WERT:** ________

16. Ruhe (RU)

+ • Ich bin meist schüchtern oder furchtsam und gerate leicht in Panik.
+ • Es ängstigt mich, wenn meine Knie zittern/mein Herz klopft, und es ist mir peinlich, wenn mein Magen knurrt.
- • Ich bin sensibler als viele andere.
- • Ich bin mutig und unerschrocken.

0 sowohl als auch/weder noch

➛ **IHR RUHE-WERT:** ________

Ihr persönliches Motiv-Profil

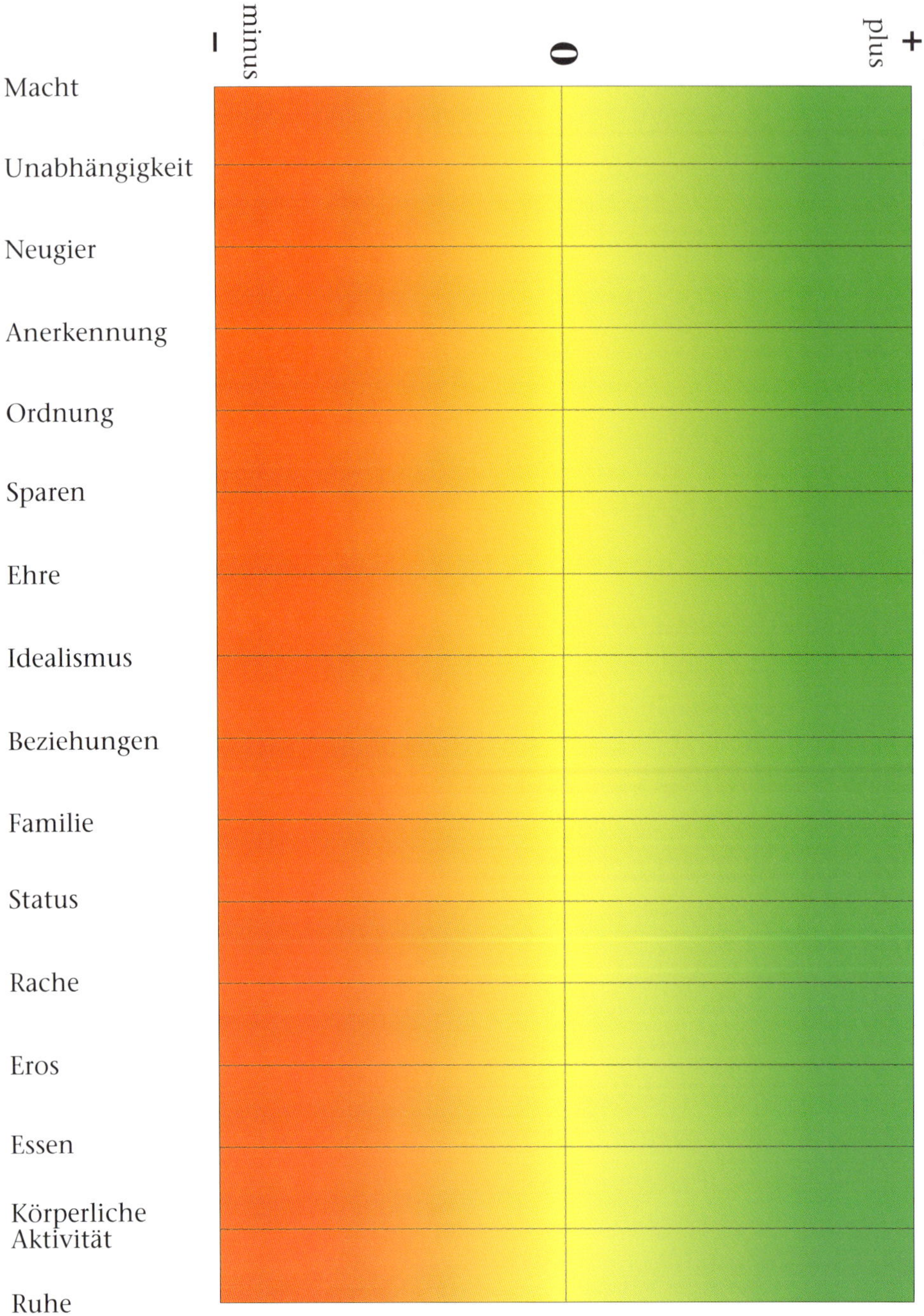

Auswertung

Tragen Sie nun Ihre Werte (+ oder - oder 0) in das Diagramm auf Seite 164 ein, und verbinden Sie die Markierungen zu Ihrem persönlichen Motiv-Profil.

1. Machen Sie sich bewusst, durch welche Interessen, Bedürfnisse und Werte Ihre Persönlichkeit definiert ist: Was sind die wirklich wichtigen Bereiche in Ihrem Leben? Welche Dinge interessieren Sie überhaupt nicht?
2. Stimmen diese Motive und Werte mit dem Leben überein, das Sie führen?
3. Wenn das nicht der Fall ist, wo liegen die Ursachen? Was hindert Sie daran, ein Leben zu führen, das mit Ihren persönlichen Lebensmotiven übereinstimmt? Lassen sich diese Hindernisse überwinden, und wenn ja, wodurch?
4. Wie sieht es bei den weniger entscheidenden Bereichen aus? Verbringen Sie (zu) viel Zeit mit Dingen, die Ihnen eigentlich nichts bedeuten?
5. Wenn die Motive und Werte, die Sie im Lebensmotiv-Test für sich ermittelt haben, mit dem Leben übereinstimmen, das Sie führen, müssten Sie eigentlich glücklich und zufrieden sein. Wenn das nicht der Fall ist, wo liegen die Ursachen? Waren Sie bei der Durchführung des Tests wirklich ehrlich sich selbst gegenüber? Richten Sie Ihr Leben an einem Wunschbild von sich selbst aus, das nicht Ihren wirklichen Lebensmotiven entspricht?
6. Machen Sie die Gegenprobe und lassen Sie sich von Ihrem Partner, von Freunden oder Kollegen beurteilen: Stimmen die jeweiligen Eigen- und Fremdbilder überein? Oder gibt es Diskrepanzen? Wenn ja, warum? Betreffen sie wichtige Lebensbereiche?

Der Lebensmotiv-Test kann Ihnen, wenn Sie ihn sorgfältig und ehrlich beantworten, eine große Hilfe sein auf dem Weg zu einem Leben in Einklang mit sich selbst.

Hinweis: Diese Fassung des Reiss-Profils RP© ist eine von Steven Reiss autorisierte Kurzform für den individuellen Gebrauch. Sie dient ausschließlich dazu, sich einen orientierenden Überblick über das eigene Motiv-Profil zu verschaffen. Wir weisen darauf hin, dass die Kurzform nur 43 Millionen Profile erfassen kann, der Originaltest über zwei Milliarden. Der vollständige Test ist als RP© rechtlich geschützt und wird in Europa exklusiv von der European Academy of Training and Development (FATD) angeboten.

Die Ribul Trainings AG bietet Fachleuten und interessierten Laien zudem das Kompaktseminar »Reiss Profil Lebensmotive« und eine Ausbildung zum lizenzierten »Reiss Profil Mastertrainer« an.

Weitere Informationen zum Test und den Ribul Trainings/Seminaren können Sie anfordern unter:

Hauptsitz
Ribul Trainings AG Gewerbestraße 5 CH - 6330 Cham
Tel / Fax 0041 (0) 41712 23 33
info@ribul.com · www.ribul.com

Verkaufsbüro
Ribul Trainings AG Fabrikstrasse 19 CH - 9470 Buchs
Tel 0041 (0) 81756 45 87 Fax 0041 (0) 81756 45 85
sales@ribul.com · www.ribul.com

Planen Sie Ihr Leben

Die meisten Menschen planen ihre Urlaubsreise viel genauer als ihr Leben. Sie beginnen ein Jahr vor dem Urlaub Kataloge zu studieren. Dann suchen sie das Hotel und vergleichen die Angebote der verschiedenen Reiseveranstalter. Dann nehmen sie die Landkarte oder den Atlas und überlegen sich den Weg, den sie zurücklegen werden. Wenn sie mit dem Auto in den Urlaub fahren, rechnen sie sich genau aus, wo sie übernachten wollen, buchen auch da das Hotel. Manche drucken sogar schon zu Hause die Etiketten für die Urlaubspost. Sie planen ihren ganzen Urlaub bis ins kleinste Detail.

Wer nur nach materiellem Erfolg strebt, verliert meist seine eigene Bestimmung aus den Augen.

Wenn diese Menschen einmal in ihrem Leben genau dieselbe Sorgfalt auf die Planung ihrer Lebensziele verwenden würden, dann würden sie in einem riesigen Quantensprung nach vorne kommen. Denn dann wüssten sie genau, in welche Richtung sie aufbrechen müssten. Das ist etwas, was Sie in meinen erlebnisorientierten Trainings lernen. Dort finden Sie eine Antwort auf die Frage: »Wo will ich überhaupt hin mit meinem Leben?«

Was man nicht sucht, kann man nicht finden.

Der Faktor Zeit

Wie wir wissen, können wir unser Leben nicht auf Probe leben. Wir können Träume und Ziele nur in diesem einen Leben verwirklichen. Zeit ist das wertvollste Gut, das wir besitzen. Sie ist mehr wert als Geld, sie ist unser Leben. Jede Sekunde, jede Minute, jede Stunde, jeder Tag, der hinter uns liegt, ist unwiederbringlich Vergangenheit. Deshalb ist unsere wichtigste Aufgabe im Leben, so viel wie möglich aus dieser Zeit zu machen. Seine Zeit zu verschwenden heißt also sein Leben zu verschwenden. Heute beginnt der erste Tag vom Rest Ihres Lebens!

Wie sieht die Balance in Ihrem Leben aus?

Wer nicht weiß, wohin er will, braucht sich nicht zu wundern, wenn er ganz woanders ankommt.

Machen Sie doch mal eine ganz einfache Aufstellung. Halten Sie fest, wie viel Zeit Ihres Lebens Sie in welchem Bereich verbringen. Wie viel Zeit Ihres wachen Tages verbringen Sie für Ihre berufliche Leistung, für den Kontakt mit Ihren Mitmenschen? Wie viel Zeit verbringen Sie für Ihren Körper?

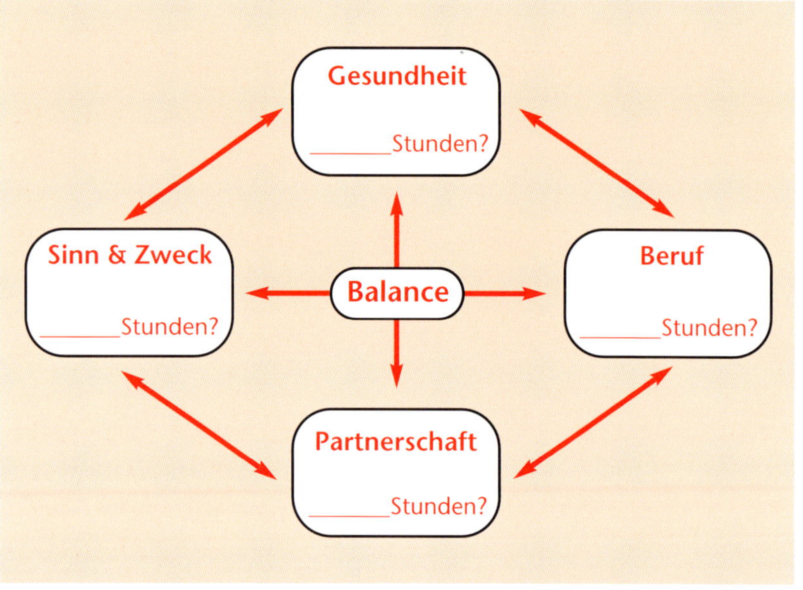

Nehmen Sie also ein Blatt Papier und einen Stift und machen Sie eine entsprechende Aufstellung. Schreiben Sie die Stunden auf, die Sie für die einzelnen Bereiche einsetzen. Seien Sie bei dieser Analyse ganz ehrlich mit sich selbst, denn selbst wenn Sie versuchen, die wahren Sachverhalte zu beschönigen – Ihr beruflicher Erfolg, Ihre Beziehung, Ihre Gesundheit und auch Ihre Psyche werden sich davon nicht auf Dauer beeindrucken lassen.

Unser Tag hat 24 Stunden. Wir brauchen durchschnittlich sieben Stunden Schlaf. Alle Menschen, die mehr als sieben Stunden Schlaf benötigen, müssen sich ernsthaft Gedanken über ihre Gesundheit machen. Da stimmt nämlich etwas mit ihrem Erholungssystem nicht. Dann bleiben uns also 17 Stunden. Der Weg zur Arbeit gehört selbstverständlich in den Bereich Leistung. Essen gehört in den Bereich Körper und Gesundheit. Kochen ebenfalls. Wenn Sie gemeinsam mit Ihrem Lebenspartner kochen, können Sie diese Zeit aufteilen zwischen den Bereichen Körper und Beziehung.

Füllen Sie die Sanduhr Ihres Lebens mit Erfolg, Freude und Lebensglück!

Die Zeit, in der Sie mit Ihren Kindern spielen, gehört in den Bereich Beziehung. Auch wenn Sie mit ihnen gemeinsam eine Fernsehsendung anschauen. In den Bereich Psyche gehört die Zeit, die Sie für sich selbst in Anspruch nehmen; die Zeit, die Sie beim Friseur oder bei der Kosmetikerin verbringen oder in der Sie zum Beispiel Kleidung kaufen gehen. Das ist die Zeit, die Sie für sich selber verwenden, auch wenn Sie Meditation oder autogenes Training betreiben. Sport gehört in den Bereich Körper, Gesundheit und zu einem Teil sicher auch in den Bereich Beziehung, es sei denn Sie gehen alleine joggen oder ins Fitnessstudio.

Wenn Sie am Wochenende zum Schwimmen gehen oder Ski fahren, dann können Sie diese Zeit aufteilen in Gesundheit und Partnerschaft.

Gehören Sie auch zu den Menschen, die für den Bereich Leistung 18 Stunden am Tag aufschreiben? Dann bedeutet das, dass Sie in allen anderen Bereichen Null haben, zumindest unter der Woche.

Menschen, die 12 Stunden für die Leistung aufschreiben, kommen in den Bereichen Beziehung und Gesundheit noch auf jeweils 2 Stunden. Wenn wir diese empirische Studie weiter verfolgen, dann stellt sich heraus, dass viele Menschen den Bereich Leistung über alles andere stellen.

Deshalb stelle ich in meinen Seminaren dann auch die Frage, wann sich Menschen, die ihre Zeit im Bereich Leistung voll ausschöpfen, weiterbilden. Wann machen sie z.B. einen EDV-Kurs? Wann informieren sie sich über neue Program-

Unser Leben besteht aus einem Wechselspiel von notwendiger Routine und Abwechslung. Aber Routine, über die wir nicht mehr nachdenken, ist wie ein Stück Leben, das wir in die Abstellkammer verbannt haben.

Manfred O. Glück, Seminartrainer und Autor

me? Wann lernen sie neue Strategien kennen? Wann gehen sie zum Zahnarzt? Oder die Damen – wann gehen sie zum Frauenarzt?
Das Problem ist, dass wir Dinge erst dann in Angriff nehmen, wenn sie in andere Bereiche übergreifen, wenn es sich nicht mehr vermeiden lässt, dass wir uns damit auseinander setzen, also wenn es schon zu spät ist.
Wann gehen wir zum Eheberater? Doch auch meistens dann, wenn es schon fast zu spät ist. Wann führen wir das klärende Gespräch mit dem Partner, mit den Kindern oder mit den Eltern? Ja, leider meist erst, wenn es zu spät ist.
Wann entscheiden wir uns, mehr für unser Wissen, für die Erweiterung unserer Allgemeinbildung, für unsere Kreativität und für das Ausschöpfen unseres Potenzials zu tun? Meistens erst, wenn berufliche Schwierigkeiten aufgetaucht sind oder bereits die Kündigung droht.
Woran liegt das? Sicherlich, wie wir gesehen haben, am Verharren in der Komfortzone. Aber auch an einem Problem, dem wir Tag für Tag mit derselben Ausrede begegnen: »Dafür habe ich jetzt keine Zeit!«

Mit Lebensmanagement zu mehr Lebensqualität

Das Erfolgsgeheimnis liegt in der täglichen Planung jedes einzelnen unserer »Lebens-Tage«. Erfolgreiche Lebensgestaltung beginnt deshalb beim bewussten Zeitmanagement. Je besser wir unsere Zeit einteilen und planen, desto besser können wir sie für unsere persönliche und berufliche Zielvorstellung nutzen. Da genügen aber keine Absichtserklärungen, wie wir sie so gerne zum Jahreswechsel abgeben. Bewusstes Zeitmanagement geschieht am besten anhand eines Zeitplaners, der Halbstundenschritte vorgibt. Erfolgreiches Zeitmanagement bedeutet aber nicht nur, dass Sie Ihren Arbeitstag, Ihre Arbeitswoche und womöglich auch

noch das Wochenende exakt planen. Schließlich wollen Sie ja vom bloßen Leistungsdenken zu mehr persönlicher Lebensqualität gelangen. Deshalb ist es gerade in Zusammenhang mit Ihrer individuellen Zeitplanung von Bedeutung, darüber nachzudenken, was Ihnen wirklich wichtig ist.
Sie müssen Ihre Zielsetzungen neu überdenken und auch bereit sein, sie anhand dieses Balance-Modells zu korrigieren. Das heißt, Sie müssen, gerade auch im Hinblick auf Ihre Lebensziele, Ihre Prioritäten so setzen, dass sie Sie diesen Zielen näher bringen. Das verlangt große Selbstdisziplin. Denn mal ganz ehrlich: Wie oft dauern Besprechungen zwei Stunden, obwohl das Thema in der Hälfte der Zeit zu behandeln wäre? Mit Telefonaten ist es nicht anders. Arbeit insgesamt hat die Tendenz, sich so lange hinzuziehen, als Zeit für ihre Erledigung zur Verfügung steht. Der britische Journalist und Autor C. Northcote Parkinson hat das in eine Regel gefasst, die nach ihm benannt wurde.

Diszipliniertes Zeitmanagement bedeutet keinesfalls, dass für zwischenmenschliche Kontakte keine Zeit ist – ganz im Gegenteil. Disziplin im Zeitmanagement verschafft genau die Zeit, die man braucht, um frei von Termindruck Kommunikation zu pflegen.

Parkinsons Gesetz

»Arbeit dehnt sich in dem Maße aus, als Zeit für ihre Erledigung zur Verfügung steht!«

Parkinson gibt dafür ein sehr einprägsames Beispiel[2]: Eine alte Dame will ihrer Lieblingsnichte eine Postkarte schicken. Nach dem Frühstück beginnt sie damit, nach einer passenden Ansichtskarte zu suchen, wozu sie den ganzen Vormittag braucht, da sie bei jedem Motiv überlegt, ob dies auch den Geschmack der Nichte trifft. Nach dem Mittagessen macht sie sich ans Schreiben. Auch dabei überlegt sie lange bei jedem Satz. Am Spätnachmittag ist sie damit endlich fertig. Da sie nicht weiß, wie viele Briefmarken sie darauf kle-

Das Leben bietet nur drei Möglichkeiten: Fortschritt, Stillstand oder Rückschritt.

[2] C. Northcote Parkinson: »Parkinsons Gesetz und andere Studien über die Verwaltung«, Econ Verlag, Düsseldorf 1992

ben soll, beschließt sie, die Karte sicherheitshalber auf dem Postamt frankieren zu lassen. Ein Blick aus dem Fenster stellt sie vor die schwierige Frage, ob sie einen Mantel anziehen soll oder ob ein Regenschirm genügt. Kurz bevor das Postamt schließt, gelingt es ihr, die Postkarte frankieren und stempeln zu lassen. So hat sie einen ganzen Tag mit etwas verbracht, das einen viel beschäftigten Unternehmer ganze drei Minuten in Anspruch nehmen würde.

Kommt Ihnen das irgendwie bekannt vor? Haben wir nicht alle Arbeitsbereiche, die sich in dieser Weise ausdehnen? Besprechungen, die um zehn Uhr beginnen, ziehen sich in der Regel bis zum Mittagessen hin. Wenn sie dagegen erst um elf Uhr beginnen, ist bis zum Mittagessen ebenfalls alles Wichtige besprochen. Der Zeitgewinn beträgt eine ganze Stunde. Jeder der Beteiligten könnte diese Stunde in vielfältiger Weise nützen – für seine Fortbildung, für seine Gesundheit, für seine Familie.

Tugenden wie Fleiß, Pünktlichkeit, Zuverlässigkeit und Ausdauer gehören zu den selbstverständlichen Voraussetzungen eines erfolgsbewussten Menschen.

Schließlich bedeutet Zeitmanagement nicht nur, die berufliche Leistung zu optimieren. Zu einer erfolgreichen Lebensgestaltung gehört auch, sich über die Arbeit hinaus Zeit zu schaffen für die anderen Lebensbereiche wie Familie, Freunde, Gesundheit und die Frage nach dem Sinn. Ganzheitliches Lebensmanagement zielt darauf ab, allen diesen Bereichen den gleichen Anteil an Intensität zukommen zu lassen.

Wer also Zeitmanagement als Teil erfolgreicher Lebensgestaltung begreift, muss auch dem Lebensbereich Körper und Gesundheit seinen täglichen Platz einräumen, denn nur so lässt sich die berufliche Leistungsfähigkeit dauerhaft sicherstellen. Wir alle haben aber schon die Erfahrung gemacht, dass die besten Vorsätze gerade im Bereich Fitness nichts nützen, wenn wir nicht konsequent sind und täglich unsere Bequemlichkeitszone verlassen. Das erfordert ein hohes Maß an Selbstdisziplin. Nur mit Selbstdisziplin können wir die Balance zwischen den vier Lebensbereichen aufrechterhal-

ten. Das betrifft vor allem auch den Kampf gegen unseren größten Zeit- und Energiefresser, die Aufschieberitis.
Beim Zeitmanagement ist ein Faktor von entscheidender Bedeutung: Mein Trainerkollege Prof. Dr. Lothar Seiwert, Europas Zeitmanagement-Experte Nummer eins, schlägt darum vor: Verplanen Sie nie Ihre Zeit zu 100 Prozent, sondern höchstens zu 50. Es kommen immer wieder unvorhergesehene Ereignisse auf Sie zu (wie z.B. unerwartete längere Telefonate, unergiebiges Suchen/Surfen im Internet, Stau auf der Autobahn, Verspätung infolge Überlastung des Flugraumes etc.), mit denen Sie nicht gerechnet haben und die Ihre ganze wunderschöne Planung über den Haufen werfen. Nach wenigen solcher Frusterlebnissen haben Sie die Nase voll vom Zeitmanagement und kehren zu Ihrem früheren Chaos zurück.

Verplanen Sie nur 50 Prozent Ihrer Zeit

Eine der Lösungen, die ich für mich selber gefunden habe, besteht darin, dass ich nicht mehr mit bis ins letzte Detail ausgefeilte Tagesplanungen abgebe, sondern mir nur noch ein bis zwei wirklich wichtige Termine vornehme – und mich dafür umso intensiver mit meiner Jahresplanung befasse.
Leben Sie Ihre 16 Lebensmotive von Steven Reiss. Verbringen Sie in der Woche wirklich genügend Zeit mit Ihrer Familie – mit dem Lebenspartner und den Kindern (Familienstatus im grünen Bereich). Wenn Ihr körperlicher Aktivitätsbereich sich auch im grünen Teil befindet, durch Walken, Joggen, Fitnessstudio, Schwimmen, Radfahren, Skifahren, Wandern etc., dann sind Sie im „Flow“, also im Fluss. Sie sind ausgeglichener und fühlen sich mehr in Balance. Deshalb ist die Planung bewusst auf die Lebensmotive verschoben. Je mehr dieser Lebensmotive Sie leben und dadurch befriedigen, desto erfolgreichen sind Sie für sich selber. Einen besonderen Stellenwert hat dabei die Befriedigung Ihrer Neugier (lebenslange Weiterbildung). Somit haben Sie ein zusätzliches Hilfsmittel, um Ihr Leben ins Gleichgewicht zu bringen.

Kapitel 6

Setzen Sie Ihre blockierte Energie frei

Was ist das Ziel all Ihrer Hoffnungen, Träume und Wünsche? Wollen Sie ernsthaft den Aufbruch wagen und aus Ihrer Komfortzone ausbrechen? Haben Sie sich unwiderruflich vorgenommen, Ihren Zustand auf Dauer zu verändern? Wollen Sie im Beruf, in Ihren persönlichen Beziehungen, in Ihrem allgemeinen Befinden die Lebensqualität wirklich verbessern? Dann müssen Sie jetzt eine Entscheidung treffen und einen unumkehrbaren Aufbruch wagen.

Energie für den Start in ein neues Leben

Ein weiser Mensch vergeudet nichts, am allerwenigsten seine Energie!

Dieser Aufbruch zu einer neuen, besseren Lebensform, zu mehr Lebensqualität verlangt von Ihnen mehr als nur einen Entschluss. Die Umsetzung der Ziele, die Sie sich vorgenommen haben, kostet eine Menge Energie.

Nun wissen Sie aus Ihrer täglichen Lebenserfahrung, dass Sie nur ein bestimmtes Quantum an Energie zur Verfügung haben. Da gibt es Schwankungen und eine wechselnde Tagesform, die vor allem mit Ihrer Motivation zusammenhängen, aber insgesamt wissen Sie ziemlich genau, wie viel Energie Ihnen täglich zur Verfügung steht.

Vergleichen Sie dieses Energiepotenzial mal mit Ihrem Auto. Das hat eine Batterie, die Sie in erster Linie zum Starten brauchen. Was passiert aber mit der Energie, die in dieser Batterie gespeichert ist, wenn Sie über Nacht das Handschuhfach offen lassen? Dann brennt die Beleuchtung im Handschuhfach. Oder Sie lassen die Fondbeleuchtung brennen. Oder Sie parken Ihren Wagen und vergessen das Licht auszuschalten, und nun brennt die ganze Nacht das Standlicht. Jeder dieser kleinen Energieabsauger ist für sich genommen noch nicht schlimm. Die Batterie ist ja noch neu und gesund. Aber was passiert, wenn Sie die Batterie täglich mit diesen kleinen Energieabsaugern belasten? Dann ist sie ganz einfach irgendwann leer. Dann können Sie eines Morgens den Motor nicht mehr starten. Sie bleiben da stehen, wo Sie tags zuvor eingeparkt haben. Wenn Sie nun noch die Ziele erreichen wollen, die Sie sich für diesen Tag vorgenommen haben, müssen Sie unheimlich viel Energie in die Anfahrt stecken, Energie, die Ihnen für die Bewältigung Ihrer eigentlichen Vorhaben abgeht.

Energiefresser lauern überall

Beobachten Sie Ihr »Energiekonto« noch aufmerksamer als Ihr Bankkonto. Plötzlich werden Sie feststellen, wie viele »Abbuchungen« vorgenommen werden, von denen Sie keine Ahnung haben.

Genauso ist es in unserem Leben. Da gibt es viele, viele Kleinigkeiten, die Tag für Tag an unserem gesamten Energiehaushalt fressen und die uns Tag für Tag daran hindern, durchzustarten zu neuen Zielen oder zu unserem lang ersehnten Erfolg.

Wenn Sie zum Beispiel auf Ihrer Terrasse sitzen und in Ihren Garten schauen, dann sehen Sie: »Ich müsste den Rasen mähen. Das Unkraut müsste gejätet werden. Und den morschen Ast an der Birke sollte ich auch endlich mal absägen. Aber heute ist ein so schöner Tag. Das muss ich ausnützen. Da bleibe ich lieber noch ein wenig sitzen. Außerdem ist heute ideales Badewetter. Da fahre ich mit meinen Freunden lieber ins Schwimmbad. Den Garten mache ich dann nächste Woche!«

Die Woche ist vorbei. Sie sitzen wieder auf der Terrasse, schauen in den Garten und denken: »Mann, dieses Unkraut ist wirklich fürchterlich. Das sollte ich jetzt endlich mal erledigen. Und das Gras ist schon so hoch. Da muss ich mir erst

Wer nicht sorgfältig plant – und ausführt –, läuft ständig seinen Terminen hinterher!

einen richtigen Motorrasenmäher ausleihen! Dazu habe ich jetzt gar keine Zeit. Ich muss zu einem wichtigen Termin! Am Wochenende kann ich das alles in Ruhe erledigen.« Für das Wochenende hatten Sie sich aber auch schon die Lektüre eines wichtigen Buches und die Planung einer neuen Seminarreihe vorgenommen. Was glauben Sie, wird wieder auf der Strecke bleiben?
Kennen Sie das? Die Aufschieberitis! Das ist die Volkskrankheit Nr. 1. Nicht Parodontose oder Haarausfall! Nein, es ist die Aufschieberitis.

Eine allseits bekannte Kinderkrankheit

Aufschub ist der Dieb Ihrer Zeit und vor allem Ihrer Energie.

Die Aufschieberitis ist eine Krankheit, die letzten Endes jeden echten Erfolg verhindert. Sie fängt bei den meisten Menschen schon in der Schule an. Bei mir war es nicht anders. Ich wusste genau, ich muss diesen Aufsatz in zehn Tagen abliefern. Da sollte ich heute schon mal mit der Stoffsammlung anfangen. Aber seit heute läuft dieser neue Film im Kino, von dem ich schon so viel gehört habe. Den muss ich unbedingt sehen. Ausserdem habe ich ja noch zehn Tage Zeit. Auch neun Tage lassen mir noch eine Menge Zeit. Da muss ich doch nicht auf das Fussballspielen mit meinen Freunden verzichten. So reihte ich einen Aufschiebungsgrund an den anderen.

Die Menschen, die etwas von heute auf morgen verschieben, sind dieselben, die es bereits von gestern auf heute verschoben haben!

Peter Ustinov

Selbst zwei Tage vorher ließ ich mich von einem Freund noch zu einem Ausflug mit dem Fahrrad überreden. Wann habe ich diesen Aufsatz dann tatsächlich geschrieben? Ganz richtig! In der Nacht, bevor ich ihn abgeben musste. Da hatte ich dann natürlich nicht mehr genügend Zeit, um alle Ideen, die mir zu dem Thema während der letzten Tage durch den Kopf gegangen waren, richtig zu ordnen und niederzuschreiben. Vieles hatte ich längst wieder vergessen. Verständlicherweise war ich nach Mitternacht auch zu müde,

Die kleinen Energiefresser werden schnell zu großen Problemen – und rücken unsere Ziele in weite Ferne!

um die Arbeit noch einmal gründlich durchzulesen. Jeder von uns kennt diese Situation und weiß aus eigener Erfahrung, wie am Ende die Beurteilung ausfiel: schlechter Durchschnitt!

Das Aufschieben nimmt uns eben nicht nur die Zeit, die wir bei einer vernünftigen Einschätzung der Aufgabe optimal hätten einteilen können. Das Aufschieben verhindert ganz eindeutig die Spitzenleistung. Das Aufschieben vor allem des ersten Schrittes erhöht in steigendem Maße den Druck, verringert kontinuierlich die Motivation und kostet Energie – jedes Mal, wenn wir an diese Aufgabe nur denken. Das Aufschieben kostet nebenbei auch eine Menge Freude, denn so richtig genießen können wir den Kinobesuch oder den Ausflug nicht, wenn uns in Gedanken ständig die Aufgabe hinterherläuft, die wir »eigentlich« schon längst hätten erledigen sollen.

Ich hätte zehn Tage Zeit gehabt. Aber nein, da war meine falsche Planung. Ich hatte nicht die richtige Motivation. Deshalb habe ich mir den Weg zum Ziel nicht richtig eingeteilt. Ich habe keine Zwischenziele festgelegt. Irgendwann war die geringe Motivation, mich mit dieser Aufgabe auseinander zu setzen, total verschwunden. Am Ende gab es nur noch den Druck. Der klaute mir den Rest an Energie, den ich nach zehn Tagen Aufschieben, Ausreden erfinden und schlechtem Gewissen noch übrig hatte. Das war ein echter Energiefresser.

Wer sich planlos treiben lässt, erlebt noch nicht einmal eine befriedigende Freizeit, denn aus dem Gefühl, Zeit zu verplempern, entstehen Unruhe und Unzufriedenheit.

Schwämmchen, die Energie absaugen

Um die Wirkung dieser Energiefresser ganz einprägsam zu veranschaulichen, möchte ich Ihnen ein Experiment zeigen, das ich in meinen Seminaren durchführe. Ich fülle ein großes Glas mit Wasser. Dieses Wasser ist das Symbol für unsere Lebensenergie.

Welche »Schwämmchen« saugen bei Ihnen die Energie ab?

Ihr ganz normaler Tagesablauf sagt viel darüber aus, ob Sie das Leben führen, das Sie sich schon immer gewünscht haben.

Dann nehme ich ein Schwämmchen. Das benenne ich mit einem der häufigsten Energiefresser, wie zum Beispiel einen unangenehmen Telefonanruf mit einem Kunden, der mit dem Service nicht zufrieden war, oder mit der Bank, die den Kredit nicht verlängern will. Dieses Schwämmchen tauche ich in das Wasserglas.

Dann frage ich die Teilnehmer nach ihren ganz speziellen Energiefressern, nach all den kleinen und großen »Schwämmchen«, die sie so gewohnheitsmäßig vor sich her schieben. Aus den Antworten sind mittlerweile lange Listen entstanden. Ich bin sicher, dass Ihnen daraus einige Punkte bekannt vorkommen.

Energiefresser

Zu Hause:

- ☹ Alte Kleider aussortieren
- ☹ Kleider kaufen gehen
- ☹ Kleiderschrank aufräumen
- ☹ Fenster putzen
- ☹ Sperrmüll wegbringen
- ☹ Hausabrechnung vom Miethaus
- ☹ Zaun streichen
- ☹ Persönliches Zimmer aufräumen
- ☹ Briefe schreiben
- ☹ Vorhänge nähen
- ☹ Joggen gehen
- ☹ Teppich verlegen
- ☹ Blumen auf dem Balkon pflanzen
- ☹ Fliesen legen im Keller
- ☹ Autoradio einbauen
- ☹ Auto gründlich reinigen
- ☹ Buch lesen
- ☹ Küche putzen
- ☹ Ausstehende Besuche
- ☹ Keller/Dachboden aufräumen
- ☹ Mehrfamilienhaus verkaufen
- ☹ Wohnung kündigen
- ☹ Rennrad putzen
- ☹ Morgens früher aufstehen
- ☹ Balkon aufräumen
- ☹ Schuhe putzen
- ☹ Urlaubsfotos einkleben

Sie wollen Ihr Leben ändern? – Dann beginnen Sie am besten bei den schlechten Gewohnheiten.

Gewöhnen Sie sich daran, für jeden Tag ein genaues Ziel festzulegen, das Sie unbedingt erreichen wollen.

Energiefresser

Im Büro:

- ☹ Steuerunterlagen für den Jahresabschluss sortieren
- ☹ EDV aufrüsten
- ☹ Wochenplanung
- ☹ Finanzplanung
- ☹ Ausstehende Kundentermine
- ☹ Statistiken – Produkte – Umsatz
- ☹ Büro aufräumen
- ☹ Organisieren der Arbeitsplätze
- ☹ Wochenpläne ausarbeiten
- ☹ Kundenordner anlegen
- ☹ Büro kündigen
- ☹ Schreibtisch aufräumen
- ☹ Fahrtenbuch schreiben
- ☹ Gespräche mit Mitarbeitern
- ☹ Gespräche mit Geschäftsstelle
- ☹ Gespräche mit Sekretärin
- ☹ Akten ablegen
- ☹ Buchhaltung
- ☹ EDV-Kurs
- ☹ Schulungsordner aktualisieren
- ☹ Zeitplaner ausräumen
- ☹ Fachbücher lesen
- ☹ Kundendaten erfassen
- ☹ Internet
- ☹ Kassabuch führen
- ☹ Empfehlungen nachfassen
- ☹ Monatsabschluss bezahlen
- ☹ Monatsabschluss reinholen

Energiefresser

Organisatorisches:

- ☹ Schaden mit der Versicherung abrechnen
- ☹ Haushaltskasse führen
- ☹ Zahnarzt-/Hautarzttermin vereinbaren
- ☹ Rauchen aufhören
- ☹ Gespräch mit der Bank
- ☹ Regelmäßig laufen gehen
- ☹ Genaue Ausarbeitung der Visionen
- ☹ Strafzettel bezahlen

Energiefresser

Beziehungen:

- ☹ Geschwister treffen
- ☹ Klärende Gespräche mit Lebenspartner
- ☹ Klärende Gespräche mit Kindern
- ☹ Klärende Gespräche mit Eltern
- ☹ Klärende Gespräche mit Schwiegereltern
- ☹ Klärende Gespräche mit Geschwistern
- ☹ Klärende Gespräche mit Chef
- ☹ Klärende Gespräche mit Kollegen
- ☹ Klärende Gespräche mit Freunden
- ☹ Besuche bei Verwandten
- ☹ Gespräch mit den Lehrern der Kinder
- ☹ Briefe schreiben
- ☹ Geburtstagsfest vorbereiten
- ☹ Rede schreiben

Gepflegtes Aussehen und ein geordneter Arbeitsplatz sind nur die äußeren Merkmale einer Persönlichkeit, die mit sich im Reinen ist.

So benenne ich ein Schwämmchen nach dem anderen und drücke es in das Glas mit dem Wasser, das mein Energiepotenzial symbolisiert. Bis es ganz voll ist. Jetzt kann ich dieses Glas umkippen. Es läuft nichts heraus. Nicht ein Tropfen. Das heißt, die Energiefresser haben die ganze Energie aufgesogen.

Sobald Ihr Bedürfnis nach Erfolg zu einem brennenden Verlangen geworden ist, werden Sie Ihre Zeit ganz automatisch bestmöglich nutzen.

Gibt es ein eindrucksvolleres Bild, um uns klar zu machen, was mit unserer Energie passiert, wenn wir von der »Aufschieberitis« befallen sind?

Die Liste dieser »Energiefresser« lässt sich natürlich beliebig verlängern. Sie sieht bei jedem ein wenig anders aus. Deshalb sollten Sie an dieser Stelle ein Blatt Papier und einen Stift nehmen und Ihre ganz persönliche Liste der Energiefresser aufschreiben. Da geht es sicher nicht nur um Schuhe putzen und Schreibtisch aufräumen. Die echten Energiefresser gehen sehr viel tiefer.

Ganz persönliche Energiefresser

Vielleicht haben Sie ein Kind in einem ganz tollen Alter, in dem schon mal ein klärendes Gespräch notwendig ist – wegen der Schule, wegen der Freunde, wegen der Karriere, wegen der Zukunft, wegen der ganzen Lebenseinstellung, wegen des Rauchens und des Spät-nach-Hause-Kommens. Sie wissen genau, dass es unvermeidlich ist, dieses Gespräch zu führen. Sie kündigen es deshalb immer wieder an: »Du, hör mal, wir sollten uns demnächst zu einem Gespräch zusammensetzen!« Dennoch sind Sie froh, dass »aus unerfindlichen Gründen« immer wieder etwas dazwischen kommt.

Ein Jahr später, wenn es schon in immer kürzeren Abständen geknallt hat, sind die Schulnoten im Keller. Das Verhältnis zu Ihrem Sohn oder Ihrer Tochter hat sich immer mehr verschlechtert. Denn bei jeder Begegnung steht dieses angekündigte Gespräch wie ein riesiger Klotz zwischen Ihnen.

Wenn Sie dieses Gespräch dann endlich führen, ist die Krise praktisch schon irreparabel. Dann führen Sie nicht mehr nur ein klärendes Gespräch. Dann sind Sie mit harter Krisenbewältigung beschäftigt. Dann ist Feuer auf dem Dach und es brennt an allen Ecken und Enden. Und da merken Sie dann erst richtig, wie viel Energie Sie dieses aufgeschobene Gespräch das ganze Jahr über gekostet hat. Jedes Mal, wenn Sie daran gedacht haben.

Wer selbst Vorbild sein will, muss neben seiner Überzeugungskraft und Begeisterungsfähigkeit auch ein Urbild an Disziplin sein.

Mit der Steuererklärung ist es ganz ähnlich. Da kommt Jahr für Jahr das magische Datum, an dem man die Steuererklärung abgeben muss. Das weiß jeder. Aber die wenigsten kriegen es auf die Reihe, das rechtzeitig zu erledigen. Dann kommt der erste Bescheid von der Gemeinde oder vom Finanzamt. Das ist so Mitte, Ende März. Da kommt eine schriftliche Anfrage. Und nun erhöht sich der Druck, die Unlust und oft auch der finanzielle Schaden in Form von Mahngebühren, Strafzuschlägen usw.

Wie oft stecken solche Energiefresser bei Ihnen hinter der Scheibe?

Nehmen Sie also, wenn Sie Ihre Liste der Energiefresser zusammenstellen, einen Lebensbereich nach dem anderen – Ihre privaten Beziehungen, Ihre Familie, Ihren Freundes- und Bekanntenkreis, Ihr berufliches Leben und Ihr Umfeld. Halten Sie ganz objektiv, ohne Wenn und Aber, ohne die gewohnheitsmäßigen Entschuldigungen, aber auch ohne Selbstvorwürfe fest, was in diesen Bereichen nicht so ist, wie Sie es gerne hätten. Verbinden Sie mit dieser Bestandsaufnahme den unverrückbaren Entschluss: »Ich möchte meine Lebensqualität entscheidend verbessern!«

Diesen Wunsch müssen Sie in sich wachsen lassen, bis er Sie ständig begleitet, bis bei jeder Entscheidung, die auf Sie zukommt, der Gedanke im Vordergrund steht: »Ich will und ich werde ein anderes und besseres Leben führen!« Dieses unabdingbare Verlangen nach einem besseren, erfüllteren und befriedigenderen Leben schüren Sie am besten, indem Sie Ihr Erfolgsjournal mit Ihrem Lebensziel zur Hand nehmen.

Sie haben also nun auf der einen Seite Ihre Liste mit den »freien Radikalen«, mit den »Energieabsaugern« – und auf der anderen Seite Ihre Wünsche, Hoffnungen und Träume. Wie kommen Sie nun vom Soll ins Haben, von der wachsenden Frustration zur Verwirklichung Ihrer Traumziele?

So bewältigen Sie die Energiefresser

Haben Sie schon ein Erfolgsjournal, das Sie auch regelmäßig führen? – Wenn nicht, dann beginnen Sie es »jetzt«!

Nehmen Sie nun – zumindest in Gedanken – ein Schwämmchen nach dem anderen aus dem Glas und legen es in eine Schüssel. Was an Wasser bzw. an Energie zurückbleibt, bedeckt noch knapp den Boden. Entspricht das nicht Ihrem Energiezustand, wenn Sie sich einen ganzen Tag lang mit »Krisenmanagement« herumgeschlagen haben?

Dabei wollen Sie natürlich nicht stehen bleiben. Sie wollen ja diese verlorene Energie zurückgewinnen. Drücken Sie ein Schwämmchen nach dem anderen aus und schütten Sie dieses Wasser in das Glas zurück. Siehe da, Sie haben wieder in etwa dieselbe Energiemenge im Glas wie zu Beginn des Experiments.

Was bedeutet dieses Ausdrücken der Schwämmchen? Wie gewinnen Sie in der Realität die Energie zurück, die Sie in all Ihren Lebensbereichen auf die unterschiedlichsten »Schwämmchen« verteilt haben? Mit einem besseren Zeitmanagement allein ist das jedenfalls nicht zu bewältigen. Sie können sich noch so viele Terminplaner kaufen und Tag für Tag die Erledigung dringender Aufgaben festlegen. Wenn Sie sich nicht auf Entscheidungen festlegen, werden diese Aufgaben Tag für Tag wieder in Ihrem Terminplaner stehen – bis sie sich auf die schlechtest mögliche Art von selbst erledigt oder sich zu echten Katastrophen entwickelt haben.

Es sind unsere täglichen Entscheidungen, die unser Leben bestimmen, nicht die so genannten Lebensumstände.

So stärken Sie Ihr Lösungsbewusstsein

Die Terminplaner sagen nämlich leider nichts über den wichtigsten Zeitgewinnungsfaktor, und der lautet ganz einfach: »Entscheide dich jetzt!« Nur wenn Sie sich heute entscheiden, können Sie vermeiden, dass Sie morgen, übermorgen oder auch in einem Monat viel wertvolle Zeit verlieren. Denn Probleme haben eine sehr unangenehme Eigenschaft. Das ist die automatische Wiedervorlage.

Das bedeutet übrigens nicht, dass Sie Ihr »Problembewusstsein« schärfen sollen. Es gibt viele Menschen, die glauben, ein Problem dadurch lösen zu können, dass sie es bis in die letzten Verästelungen analysieren. Ich halte das für eine

Freuen Sie sich über Lösungen! Das ist besser als über Probleme zu grübeln.

Dein Leben besteht aus Zeit. Zwischen Geburt und Tod entwickelt sich dein Schicksal. Nütze diese Zeitspanne, die dir bemessen wurde. Vergeude keinen Augenblick deines Lebens. Verschwende keine Sekunde. Denke immer daran: Kein Moment deines Lebens kommt je zurück. Einmal vergangen, ist er unwiederbringlich verloren.

Sai Baba, indischer Weiser unserer Zeit

ganz besonders gefährliche Form der »Aufschieberitis«. Was Sie brauchen, ist ein ausgeprägtes »Lösungsbewusstsein«. Ihrem Lebensziel kommen Sie jedenfalls nur näher, wenn Sie Ihre Zielstrebigkeit und Ihre Entschlusskraft stärken.

Zielstrebigkeit und Entschlusskraft sind die Kräfte, mit denen Sie Ihre »Schwämmchen« ausdrücken und sich die fehlgeleitete Energie zurückholen können. Energie, die wir vergeuden, die wir in die falschen Aufgaben investieren, weil wir nicht Nein sagen können, weil wir faule Kompromisse eingehen, kostet aber nicht nur Kraft. Vergeudete Energie ist gleichzeitig vergeudete Zeit.

Um es an dieser Stelle noch einmal deutlich zu sagen: »Zeit ist das wichtigste Gut in unserem Leben!« Sie können wir nicht zurückholen. Das ist der Grund, warum wir uns konsequent von den Zeit- bzw. den Energiefressern befreien müssen.

Antriebsschwäche, Entschlusslosigkeit, mangelnde Selbstsicherheit, Zukunftsangst und Mutlosigkeit und wie die Energiefresser alle heißen, sind keine unabänderlichen Gegebenheiten. Wir können und müssen uns Schritt für Schritt von ihnen befreien, wenn wir unsere Lebensqualität kontinuierlich steigern wollen. Wenn wir das allerdings nicht tun, nimmt die Erfolglosigkeit automatisch zu.

Beurteilen Sie einen Tag lang alles, was Sie tun, danach, ob es Sie Ihrem Lebensziel näher bringt. Sie werden plötzlich feststellen, dass sich die Spanne der sinnvoll genutzten Zeit gewaltig steigern lässt.

So stärken Sie Ihre Entschlusskraft

Sie erinnern sich an die Untersuchung, die eine amerikanische Lebensversicherung durchgeführt hat. 95 Prozent der Befragten hatten ihre Lebensziele nicht erreicht. Ein Grund dafür ist, dass die meisten Menschen glauben, durch Warten eine Lösung ihrer Probleme und Konfliktsituationen herbeiführen zu können. Sie warten ein Leben lang auf den richtigen Augenblick. Ihre Lieblingssätze sind: »Ja, das müsste mal in Angriff genommen werden!« – »Ich habe mir das zwar immer wieder vorgenommen, aber dann ist es leider anders gekommen!« – »Das wollte ich eigentlich schon immer machen!« – »Ich habe hin und her überlegt, aber ich glaube, so wie die Sache zurzeit aussieht, wird daraus nichts!« Hinter diesem Warten auf den geeigneten Augenblick verstecken sie nur ihren Mangel an Entschlusskraft.

Auch Entschlusskraft kann man üben

Den Mangel an Entschlusskraft können Sie überwinden. Dafür gibt es ein ganz einfaches Mittel. Nehmen Sie sich heute eine Aufgabe vor, die Sie vielleicht schon seit Wochen vor sich herschieben. Es gibt in jedem Leben solche Sargnägel, die einen immer wieder von wichtigen Dingen abhalten, ärgern und so auf Dauer den Erfolg verhindern. Das sind die so genannten Kleinigkeiten, die uns nerven, die uns aufsaugen, die quasi eine Lähmung erzeugen. Sie sind noch nicht so stark, dass sie uns zum Handeln zwingen, aber jedes Mal, wenn wir daran denken, klauen sie uns einen Teil unserer Energie. Sie sind wie Termiten, die sich lange Zeit unbemerkt durch das Gebälk eines Hauses fressen. Aber eines Tages genügt ein Windstoß, und der ganze Bau bricht zusammen.

Deshalb nehmen Sie diese Energie- und Zeitfresser heute in

Mut für den Absprung!

Angriff. Am besten »jetzt!«. Das ist zunächst sicher unangenehm, lästig und vielleicht sogar schmerzhaft.

Das ist ein Frontalangriff auf Ihre Bequemlichkeitszone. Aber heute beschließen Sie, nicht eher Ruhe zu geben, bis diese Aufgabe erledigt ist. Freuen Sie sich einfach auf den herrlichen Augenblick, wenn Sie befriedigt feststellen können: »Das habe ich geschafft! Mein Kopf ist wieder ein Stückchen freier. Jetzt kann ich mich voll und ganz auf die Aufgaben konzentrieren, die mir Freude bereiten, die mich innerlich berühren, weil sie ein Teil meiner Lebensaufgabe sind!«

Anstehende Aufgaben sofort erledigen ist der Schlüssel zum Erfolg.

Für die ersten Übungen Ihrer Entschlusskraft können Sie selbstverständlich einfachere Aufgaben aus Ihrer »Energiefresser-Liste« nehmen, wie zum Beispiel »Kundenordner anlegen« oder »Büro aufräumen«. Das sind alles Energiefresser in einem normalen alltäglichen Bereich. Die wesentlichen Energiefresser, die wirklichen Herausforderungen unserer Entschlusskraft liegen, wie schon erwähnt, im Bereich der Beziehungen. Es sind die Partnerschaftsprobleme, die man nicht ausspricht und klärt. Dazu gehören auch finanzielle Probleme, die auf die Partnerschaft durchschlagen. Deshalb ist es notwendig, dass Sie in der Bewältigung Ihrer Energiefresser Prioritäten setzen. Nehmen Sie also Ihre Liste noch einmal zur Hand und nummerieren Sie die einzelnen Punkte nach ihrer Wichtigkeit durch. Setzen Sie vor die unangenehmste Aufgabe eine 1. Sicher werden Sie nicht zu jedem Problem sofort eine endgültige Entscheidung treffen können, aber selbst bei den schwierigen Problemen im Beruf, in der Partnerschaft oder auch in den Finanzen müssen Sie eine *erste* Entscheidung treffen. Und wenn diese Ent-

Erfolg ist lernbar. Einer der wichtigsten Lernschritte für Erfolg ist die richtige Nutzung der Zeit.

scheidung nur darin besteht, dass Sie zum Hörer greifen und einen Gesprächstermin vereinbaren. Schon dafür brauchen Sie wahrscheinlich viel Mut, Energie und den entschiedenen Willen, die Dinge nicht nur irgendwie hinter sich zu bringen, sondern sie wirklich zu erledigen. Schließlich führt das Balance-Modell ganz deutlich vor Augen, welche Sprengkraft gerade in Partnerschaftsproblemen lauert.

Auch in finanziellen Angelegenheiten kommt die schlimmste Bedrohung aus der Aufschieberitis. Briefe vom Finanzamt, Einschreiben von der Bank oder Mahnbescheide einfach nicht zur Kenntnis zu nehmen, den Briefkasten nicht mehr zu leeren oder nicht ans Telefon zu gehen, verschlimmert nur die Gefahrensituation.

Armut und finanzielle Schwierigkeiten sind kein unabänderliches Schicksal. Sie sind meistens ein Signal, dass man sein Denken verändern muss.

Wer einem hungrigen Bären begegnet, mag eine Überlebenschance haben, wenn er sich tot stellt. Wer sich aber in schwierigen Situationen, nach finanziellen Rückschlägen oder auch dem Zusammenbruch seiner Firma nicht für entschlossenes Handeln entscheidet – der entscheidet sich unbewusst auf lange Sicht für den totalen Zusammenbruch.

Für die Aufarbeitung der Energiefresser gilt dieselbe Technik wie für die Festlegung auf besondere Lebensziele. Sie müssen sich der Erledigung unwiderruflich verpflichten.

Die Verpflichtung

Kopieren Sie also Ihre Prioritätenliste und faxen Sie sie an einen Menschen, dem Sie wirklich vertrauen, der aber nicht zu nachgiebig mit Ihnen umgeht. Ihm gegenüber legen Sie sich in folgender Weise fest. Nennen Sie ihm

1. Drei Punkte, die Sie innerhalb von 24 Stunden erledigen.
2. Drei Punkte, die Sie innerhalb von 72 Stunden erledigen.
3. Drei Punkte, die Sie innerhalb einer Woche erledigen.

Er oder sie muss sich verpflichten, Sie zum vereinbarten Zeitpunkt anzurufen und abzufragen, wie entschlossen Sie an der Aufarbeitung Ihrer »Sargnägel« gearbeitet haben.

Positive Entscheidungen

Erkennen Sie, welche Geisteshaltung hinter all diesen aufschiebenden »vielleicht, eigentlich, zwar, aber und wobei« steht. Es sind die verräterischen Signale für Unentschlossenheit, für Mutlosigkeit und für die Scheu vor Verantwortung!

Im Bereich der Energie- und Zeitfresser im Haushalt, im Büro, in der Organisation Ihres Tagesablaufs handelt es sich fast durchwegs um Dinge, die in Ordnung gebracht werden müssen.

Gut, beim Aufräumen des Kellers oder des Dachbodens werden Sie einige Dinge entrümpeln müssen. Aber sicher werden Sie nicht beschließen auszuziehen, weil einige Dinge nicht so sind, wie Sie sich das wünschen.

In ihren privaten Beziehungen dagegen neigen immer mehr Menschen dazu, nach einer langen Phase des Abwartens, des Runterschluckens von Ärger ganz plötzlich Lösungen herbeizuführen, die den Bruch bedeuten. Sicher liegt es heute im Bereich der Partnerschaft sehr viel näher zu sagen: »Schluss! Lieber ein Ende mit Schrecken als ein Schrecken ohne Ende!«

Entscheidungen in dem schwierigen Bereich der persönlichen Beziehungen sollten aber – wie in den Bereichen Arbeit und Wohnen auch – damit beginnen, dass Sie all die Energiefresser, die sich über Monate oder sogar Jahre angesammelt haben, erst einmal »aufräumen«. Dass Sie Dinge an den Platz rücken, an den sie gehören. Das erfordert offene und ehrlich Gespräche. Auf die müssen Sie sich einlassen. Dazu gehört oft viel mehr Mut als mit lautem Knall die Tür hinter sich zuzuschlagen.

Gelegentlich eigenes Verschulden einzugestehen hat nichts damit zu tun, dass man immer nachgeben muss.

Außerdem zeigt die Erfahrung, dass nach dem Türenknallen die Probleme sich erst richtig zu ganz großen Energiekillern entwickeln.

Eine Entscheidung zu treffen sollte daher damit beginnen, dass Sie Ihre Partnerschaft neu beleben, dass Sie sich von dem ganzen negativen Kram, der sich die Jahre über angesammelt hat, innerlich lösen, dass Sie aufhören, nur noch auf die Schattenseiten zu schielen. Vor allem Nörgeln und

Einander vertrauen – ein wichtiger Schritt auf dem Weg zum Erfolg!

den Finger immer wieder in dieselbe Wunde legen bringt keine dauerhafte Lösung.
Versuchen Sie in schwierigen Phasen – und in welcher Partnerschaft gibt es die nicht – Ihren Lebenspartner positiv zu überraschen, ihm einen Wunsch zu erfüllen, ein kleines Geschenk zu machen, mit ihm zum Flughafen zu fahren und den schönsten Last-Minute-Flug zu buchen, der an diesem Tag angeboten wird.

Loslassen

Sicher gibt es gerade im Bereich der persönlichen Beziehungen, in der Partnerschaft, im Beruf, im Freundeskreis, Situationen, die Sie nur noch dadurch bewältigen können, dass Sie sich innerlich davon lösen, dass Sie zumindest für einige Zeit auf Distanz gehen und Ihre eigenen Gefühle klären.

Häufig können Sie Ihre Lebensqualität dadurch steigern, dass Sie Dinge loslassen, die vielleicht schon seit Jahren zum feststehenden »Ärger-Repertoire« gehören.
Da gibt es zum Beispiel Menschen, und das sind gar nicht so wenige, die haben eine Erbschaft gemacht, aber sie fühlen sich benachteiligt. Die Geschwister haben mehr bekommen oder genau das Stück, das sie sich seit Jahren gewünscht hatten. Statt zu akzeptieren, dass die Entscheidung nun mal so gelaufen ist, ärgern sie sich jedes Mal, wenn sie nur daran denken, ein ganzes Leben lang! Aus solchen Situationen heraus entstehen chronische Krankheiten, für die es keine medizinische Erklärung gibt und mit denen diese Menschen von einem Spezialisten zum anderen laufen können, ohne dass ihnen geholfen wird.

Wer nach Ausreden sucht, hat keine Zeit, über Lösungen nachzudenken.

Sich positiv entscheiden bedeutet im Gegensatz dazu, Dinge loszulassen und Lebenssituationen, die nicht mehr zu ändern sind, zu akzeptieren, ehe sie zu einem krankhaften Energiefresser werden. Hinzu kommt, dass Menschen, die in einem unausgesprochenen Konflikt miteinander verbunden sind, von derselben Situation oft ganz unterschiedliche Anschauungen haben.

Unterschiedliche Betrachtungsweisen

Da gibt es zwei Brüder. Der eine der beiden ist total abgestürzt. Er ist gesundheitlich so ruiniert, dass er keinen Beruf ausüben kann. Er ist ein Sozialfall. Der andere hat mit großem persönlichem Einsatz ein Unternehmen aufgebaut. Er ist erfolgreich, beliebt und anerkannt. Die beiden kommen aus derselben Familie. Wenn wir den einen der beiden fragen würden: »Warum bist du so total abgestürzt? Warum lässt du dich so durchhängen? Warum nimmst du dein Leben nicht in die Hand?«, dann würden wir zur Antwort bekommen: »Schau dir doch mal die Familienverhältnisse an, in denen ich groß geworden bin! Da war nie Geld im Haus. Als ich sechs Jahre alt war, starb meine Mutter. Als mein Vater wieder heiratete, wurde alles noch viel schlimmer. Die Stiefmutter mochte uns nicht. Es gab ständig Auseinandersetzungen, Ärger und Streit. Ich hatte wirklich eine fürchterliche Kindheit. Wie hätte mein Leben da anders verlaufen können?«

Was bringt Menschen dazu, nur zuzuschauen, während andere etwas aufbauen?

Der andere Bruder, der erfolgreiche, antwortet: »Ich komme aus einer Familie, in der es drunter und drüber ging. Da wurde ständig gestritten. Nie war Geld im Haus. Ich hatte diese ganze Situation einfach so satt, dass ich mir schon als Kind geschworen habe, mein Leben ganz anders einzurichten. Es blieb mir gar nichts anderes übrig, als finanziell unabhängig und erfolgreich zu werden!«

Für den Erfolg gibt es ein ganz einfaches Denkprogramm. Es lautet: »Ich muss täglich besser werden.«

Auf den richtigen Fokus kommt es an

Wir können unser Leben und auch das anderer Menschen von ganz unterschiedlichen Standpunkten aus betrachten. So ist es auch bei vielen Eltern. Häufig ist ihnen gar nicht klar, dass die Art und Weise, wie sie ihre Kinder wahrnehmen, nur zu einem geringen Teil mit deren Verhalten zusammenhängt. Sie verklären ihre eigene Kindheit und Jugend und rechtfertigen im Nachhinein oft die Verhaltensweisen ihrer eigenen Eltern, unter denen sie am meisten gelitten haben.

Häufig legen sie an das Verhalten ihrer eigenen Kinder Maßstäbe an, die sie selbst nie erfüllt haben. Und dann nehmen sie an ihren Kindern nur das wahr, was diese in ihren Augen falsch machen.

Es kommt aber immer darauf an, worauf wir fokussieren. Nehmen wir nur das wahr, was die Kinder falsch machen, oder sehen vor allem das, was sie ganz toll beherrschen? Können wir die Dinge loben, bei denen wir ehrlicherweise sagen müssen, dass der Sohn oder die Tochter sie viel besser machen, als wir es selbst je gekonnt hätten?

Auch das ist eine Form von Loslassen von eigenen Vorstellungen, die viele Menschen nur unter großen Mühen und Schmerzen lernen, wenn überhaupt.

Was tun, wenn der Nachbar nervt?

Für viele Menschen gehört der tägliche Ärger zu ihrem Leben wie Frühstück, Mittag- und Abendessen. Allein in Deutschland gibt es Jahr für Jahr 500.000 neue Nachbarschaftsprozesse, wegen eines Gockels, der um sechs Uhr morgens kräht, wegen eines Hundes, der abends bellt, wegen Kindern, die auf einem winzigen Rasenstück zwischen den Hochhäusern Fußball spielen, wegen der Wurzeln eines Baumes, die über die Grundstücksgrenze wachsen oder wegen des Laubes, das in den Nachbargarten fällt.

Der Knallerbsenstrauch am Maschendrahtzaun!

Ist das nicht abenteuerlich? Vor ein paar Jahren war der »Maschendrahtzaun« ein geflügeltes Wort und ein Hit von Stefan Raab. Dahinter steckte die Geschichte einer

Frau, die jahrelang gegen einen Nachbarn prozessiert hatte, weil von dessen Garten an »ihrem Maschendrahtzaun« ein Knallerbsenstrauch hoch wuchs, den sie nicht haben wollte. Diese Geschichte – damals in aller Munde, heute schon fast wieder vergessen – ist wirklich aus dem Leben gegriffen. Sie wurde komisch, weil sie aus ihrer banalen Umgebung ins Rampenlicht des Fernsehens gehoben wurde.

Das Leben ist zu kurz, um sich Tag für Tag wegen Nebensächlichkeiten zu ärgern!

Aber wie viele Menschen gehen jeden Morgen mit Magenkrämpfen aus dem Haus, weil sie Angst haben, einer solchen Nachbarin zu begegnen oder dem Nachbarn, der sich jeden Tag über das Hundegebell oder das Kindergeschrei aufregt? Das sind die Energiefresser, mit denen Millionen Menschen täglich die Energie verbrauchen, die sie für ihren eigenen Lebenserfolg einsetzen könnten. Loslassen, sich von überflüssigem Ärger verabschieden, würde eine Unmenge an »Erfolgsenergie« sparen.

Energiefresser Schulden

Noch vor dem »Maschendrahtzaun« kommt der Energiefresser Schulden. Jeden Tag haben Menschen Angst, aus ihrer Wohnung zu gehen, weil sie vielleicht einem Gläubiger begegnen könnten. Sie überlegen schon, ob sie eine Einladung bei Freunden annehmen oder sich mit einem Geschäftspartner zu einer Besprechung im Restaurant treffen können – »... denn da könnte ich ja dem begegnen, der mir die 1.000 Euro geliehen hat und dem ich seit Wochen verspreche, das Geld vorbeizubringen!«

Sich von Freunden Geld zu leihen ist das sicherste Mittel, eine Freundschaft zu beenden.

Diese Situation engt in unwahrscheinlicher Weise die Lebensqualität ein. Sie endet häufig damit, dass Menschen sich innerlich verbarrikadieren, weil sie nie gelernt haben, offen zu kommunizieren, mutig zu sein, Schwierigkeiten ehrlich zuzugeben. Und damit verpassen sie all die Gelegenheiten, die ihnen auf dem Weg aus ihrer Schuldenfalle helfen könn-

Denken Sie daran: Wenn Sie den Kredit nicht zurückzahlen können, haben Sie es nicht mehr mit der Werbeabteilung Ihrer Bank zu tun!

ten. Die Energiefresser in diesem Bereich zerstören vor allem auch das Beziehungsnetz, das jeder für seinen Erfolg so dringend nötig hat. Wie oft passiert es, dass einer jemanden, dessen Rat er so dringend benötigen würde, nicht anrufen kann, weil er sich Geld von ihm geliehen hat?

Alle diese Dinge können wir nur lösen, indem wir uns der Sache stellen – kein einfacher Weg, aber er muss gegangen werden. Sich der Sache stellen kann z.B. heißen, dass Privatkonkurs angemeldet werden muss.

Unsere Niederlagen tragen gleichsam den Fingerabdruck unseres Denkens. Deshalb heißt positiv denken: »Wie kann ich die Ursachen für meine Niederlagen beseitigen?«

Dann müssen wir eben den Mut aufbringen und alle Gläubiger anrufen oder anschreiben und die Karten auf den Tisch legen. Da müssen wir uns hinstellen und sagen: »Liebe Gläubiger, die Auflistung aller Schulden ergibt einen Saldo von 150.000 Euro. Ursache für diese Verschuldung war zunächst der falsch geplante Hauskauf. Dann kam ein beruflicher Rückschlag und dann noch die Trennung von meinem Lebenspartner. So viel verdiene ich jetzt. Mehr habe ich nicht. Das ist die Situation!«

Da gibt es die unterschiedlichsten Rückschläge, Niederlagen und persönlichen Katastrophen, durch die jemand in so eine Situation hineinschlittert.

Aber der Weg aus dieser Krise ist immer derselbe. Sie müssen »diesen Riesenschwamm ausdrücken«! Sie müssen aufhören, den Kopf in den Sand zu stecken, und eine klare Entscheidung für eine schrittweise Regelung treffen.
Sie müssen alle Gläubiger, ob es nun ehemalige Freunde oder auch Banken sind, ansprechen und ihnen erklären, dass Sie bereit sind, Ihre Schulden zurückzuzahlen, aber das nicht in vollem Umfang und nicht mit allen Zinsen und Zinseszinsen tun können. Vielleicht können Sie alle Beteiligten zu einem Nachlass von 50 Prozent des geschuldeten Betrages bewegen. Sie können anbieten, in den kommenden Monaten die Rückzahlung mit kleineren Raten zu beginnen. Und wenn die Raten nur 50 Euro betragen. Aber es ist ein Unter-

Das unbefriedigende Jetzt

Schon die Babylonier konnten Konsumschulden machen. Sie gingen zu einem der zahlreichen Geldverleiher. Neben den heute noch üblichen Sicherheiten konnten sie aber noch etwas anbieten – sich selbst. Damit war jeder kreditwürdig. War er nicht in der Lage, seine Schulden zurückzuzahlen, wurde er als Sklave verkauft und landete beim Bau der riesigen Stadtmauern, die zu den sieben Weltwundern zählten.
Diese Arbeit war unglaublich hart. Die durchschnittliche Lebensdauer der Sklaven betrug drei Jahre. Wenn sie zusammenbrachen, peitschte ein Aufseher auf sie ein. Konnten sie sich nicht mehr erheben, wurden sie kurzerhand von der Mauer gestoßen und zerschellten unten auf den Felsen.
Das konnten die Babylonier tagtäglich beobachten. Wie konnte jemand da einen Kredit aufnehmen? Ganz einfach! Jeder will jetzt Freude erleben und Schmerz vermeiden. Der zukünftige Schmerz, als Sklave zugrunde zu gehen, wiegt nicht so schwer wie das unbefriedigende Jetzt.

schied, ob jemand überhaupt nicht zahlen will oder ob er zeigt, dass er seine eingegangenen Verpflichtungen im Lauf der Zeit abarbeiten will. Denjenigen, der deutlich macht, dass er willens ist, die Verantwortung für seine schwierige Situation zu übernehmen, werden die Gläubiger auch in Ruhe lassen. Vor allem wird er ganz anders vor sich selbst dastehen. Und das ist ein ganz wichtiger Punkt auf dem Weg zum Erfolg.

Schwierigkeiten durch Nichterledigen aus der eigenen kleinen Welt schaffen zu wollen, das ist es, was die Menschen letzten Endes daran hindert, ihr eigenes Potenzial auszuschöpfen und Erfolg zu haben. Wer große und kleine Probleme verdrängt und unter den Teppich kehrt und anstatt den »Schwamm auszudrücken« lieber sagt »Schwamm drüber«, der tritt auf der Stelle und kommt sicher nicht voran.

Wenn jemand mit den Energiefressern nicht fertig wird, hat er nie die notwendige Kraft und den Mut, um neue Lebensziele anzugehen.

Die Konsequenz daraus ist ganz klar: Wenn ich meine Energie freisetzen will, um meine Lebensqualität zu verbessern, muss ich alle diese Schwämmchen beseitigen. Nehmen Sie daher dieses Bild von den Schwämmchen in Ihr Erfolgstraining auf. Gehen Sie einmal pro Woche Ihre »Schwämmchen-Liste« durch, ergänzen Sie sie und, vor allem, drücken Sie die Schwämmchen aus, indem Sie die »Energiefresser« anpacken und erledigen.

Bilder beeinflussen unser Handeln

Meine Lebenspartnerin macht das genauso. Wenn ich nach mehreren Tagen Seminar zurückkomme, dann sagt sie oft: »Es ist Zeit, dass du wieder mal im Büro bist. Da liegen einige ganz große Schwämme herum. Die müssen wir sofort ausquetschen!« Sie sagt also nicht mehr: »Da ist ein Problem!«, sondern: »Da sind Schwämme, die wir ausquetschen müssen!« Meistens hat sie in der Zeit, in der ich unterwegs war, schon eine ganze Liste zur Erledigung dieser »Schwämme«

angelegt. Da bleibt nichts anderes übrig, als diese Liste so schnell wie möglich abzuarbeiten, denn sobald diese Energiefresser schwarz auf weiß vor mir liegen, ist es fast unmöglich, sie zu verdrängen oder aufzuschieben. Dazu gehört bei mir – und sicher bei vielen meiner Leser und Leserinnen ebenso – das Sortieren von E-Mails, eine Tätigkeit, bei der unendlich viel Zeit und Nerven eingesetzt, aber auch gespart werden können.
Es gibt sicher vieles, was ich nach einer Reise mit Seminaren an mehreren Orten lieber täte als »Schwämmchen auszudrücken«. Joggen, in die Sauna gehen, ein Buch lesen, Musik hören oder ganz einfach nichts tun – aber das muss alles warten. Erst muss Punkt für Punkt die Liste abgehakt werden.
Mittlerweile tue ich das sogar gerne, denn ich weiß, wie gut ich mich fühle, wenn die Liste endlich erledigt ist und ich den Kopf wieder frei habe. Wenn es so weit ist, dann belohne ich mich auch dafür, und das möchte ich Ihnen auch raten. Umso lieber werden Sie das nächste Mal Ihre Energiefresser unschädlich machen, bevor sie sich mit Ihrer Energie voll saugen können.

Energiefresser im Unternehmen

Vor einiger Zeit hielt ich in einem Unternehmen mit mehreren tausend Angestellten ein Personal-Power-Seminar. Dabei ging es unter anderem auch um die zahlreichen Energiefresser, die sich in die Unternehmensabläufe einschleichen können. Um diese Energiefresser bildlich vor Augen zu führen, habe ich natürlich das Experiment mit den Schwämmchen gemacht. Jeder Schwamm stand für einen »Bremsklotz« im Energiefluss dieses Unternehmens. Ich hatte gar nicht so viele Schwämmchen dabei, wie die Teilnehmer »Energiefresser« im Unternehmen benannten. Das waren in erster Linie alle die Dinge, die in so einem Unter-

Vermeiden Sie unter allen Umständen den Kreislauf des Negativen. Nähren Sie bei sich und bei Ihren Mitarbeitern das Erfolgsbewusstsein.

nehmen nicht entschieden werden, die von einer Entscheidungsebene an die nächste weitergeleitet werden. Da kamen vor allem die zahllosen Aktennotizen zur Sprache, die nur dazu dienten, die Verantwortung an die nächsthöhere Ebene oder an eine andere Abteilung zu delegieren. Sie sind immer ein Ausdruck großer Angst vor Fehlentscheidungen.

Da wurde bemängelt, dass das Netzwerk nicht richtig funktioniert, weil offensichtlich das falsche Programm eingekauft worden war.

Selbstverständlich kamen auch Kompetenzstreitigkeiten und Mobbing zur Sprache, zwischenmenschliche Schwierigkeiten, die entstehen, wenn die Zuständigkeiten nicht sauber geregelt sind. Sie stellen mit Abstand die größten »Energieabsauger« in den Unternehmen dar.

Diese Schwämmchen wurden also alle benannt. Dabei wurde den Mitarbeitern und auch den Managern klar, wie viel Energie sie täglich durch »Nicht-Entscheiden«, durch »Delegieren im Kompetenzenkarussell« oder auch durch »Nicht-miteinander-Reden« vergeudeten. Das Bild mit den Schwämmchen hat in diesem Unternehmen so eingeschlagen, dass es auf der Führungsebene bis heute zitiert wird: »Freunde, da steht wieder mal ein Riesenschwamm an. Den müssen wir sofort beseitigen!« Denn allen war klar geworden: Das sind die »Kleinigkeiten«, an deren Lösung letzten Endes der Erfolg oder der Misserfolg eines ganzen Unternehmens hängt.

Sie können an jedem Tag, zu jeder Stunde, ja, mit jedem Atemzug damit beginnen, Ihr Leben in Richtung Erfolg zu verändern. Entscheiden Sie sich für Ihr Leben, für Ihr Glück, für Ihren Erfolg – jetzt!

Energiefresser zu vernichten befreit

Wenn ich ehemalige Seminarteilnehmer wiedertreffe, dann höre ich oft, wie viel sich innerhalb einer Woche verändert hat, weil sie lange anstehende Entscheidungen getroffen und die Sachen einfach erledigt haben. Diese Menschen waren nicht nur befreit, sie waren stolz auf sich. Sie waren stolz, dass sie ihren »inneren Schweinehund« überwunden haben und die Ablagen in ihrem Büro gesichtet, geordnet und auch weggeworfen haben, was sie nicht mehr brauchten. Oder dass sie z.B. die Fotos endlich in ein Album eingeklebt hatten, Fotos, die seit Jahren nach den diversen Urlauben einfach in einen Karton gewandert waren, weil sie nie »Zeit hatten«, das zu erledigen. Sie mussten nicht länger nach Ausreden suchen, wenn sie nach ihren Urlaubsfotos gefragt wurden.

Wer den inneren Schweinehund überwunden und nach und nach alle Schwämmchen ausgedrückt hat, erlebt ein regelrechtes Glücksgefühl.

Sie waren stolz und zufrieden und erlebten ein Glücksgefühl, das sie schon lange nicht mehr gekannt hatten. Vor allem ging von der raschen Vernichtung der kleinen »Schwämmchen« eine stetig wachsende Kraft aus, mit der sie auch größere Probleme nachhaltig und erfolgreich erledigen konnten.

So sagte mir ein Seminarteilnehmer freudestrahlend: »Plötzlich spürte ich, wie ich wieder offen wurde für neue Unternehmungen. Ich hatte das ganz starke Gefühl, dass ich einfach wieder richtig lebendig war und ›mein Leben fließen lassen‹ konnte. Ich spürte wieder die Begeisterung, mit der ich vor Jahren meine Arbeit begonnen hatte. Und ich hatte das tolle Gefühl, dass Chancen auf mich zukamen, die ich früher gar nicht wahrgenommen hatte, weil ich so mit Nebensächlichkeiten beschäftigt war.«

Das ist doch das Leben, das wir anstreben. Wir sind hier, um zu wachsen. Um zu lernen. Nicht, um dahinzuvegetieren. Wir sind hier, um ein schönes, erfülltes Leben zu führen. Nicht, um nur davon zu träumen, sondern um es wirklich zu erleben!

Wenn Sie mit mir der Meinung sind, dass das Blättern im Weltatlas keine Reise ersetzt, dass nur die Ziele Begeisterung, Freude und Lebensglück verheißen, denen man sich Schritt für Schritt und voller Energie nähert, dann dürfen Sie keine Zeit mehr verstreichen lassen. Laden Sie Ihren Erfolgsakku auf und starten Sie durch. Jetzt!

Kapitel 7

Übernehmen Sie die Verantwortung für Ihr Leben

Erfolg bedeutet für jeden Menschen etwas anderes. Jeder verfügt über ganz besondere Fähigkeiten und Anlagen, die ihn zu einer unverwechselbaren Persönlichkeit machen. Das ist wie mit dem Fingerabdruck. Von den über sechs Milliarden Menschen, die diese Erde bewohnen, haben nicht zwei denselben Verlauf ihrer Fingerlinien.

Stellen Sie sich den Gegebenheiten

Es gibt bei aller Unterschiedlichkeit für jeden Menschen, der seinen Lebenserfolg anstrebt, eine unverzichtbare Gemeinsamkeit: Er muss an einem Punkt seines Lebens die Entscheidung treffen, sein Leben nicht einfach ziellos dahinplätschern zu lassen. Er muss es aktiv und aus eigener Verantwortung heraus gestalten. Wahlmöglichkeiten gibt es mehr als genug.

Die volle Verantwortung für sein Leben zu übernehmen ist eine der größten Herausforderungen, vor die wir uns als Menschen gestellt sehen. Schließlich leben wir nicht alleine auf diesem Planeten. Wir werden beeinflusst von unseren Eltern und Geschwistern, von dem, »was man in unserer Familie tut oder nicht tut«. Die Schule, die Lehrmeister, unsere Vorgesetzten, die Kollegen, unsere Freunde, praktisch alle Menschen, mit denen wir zu tun haben, üben in der einen oder anderen Weise Einfluss auf uns und unser Verhalten

Eine noch so schwierige Kindheit kann der Weg zu einer Prachtstraße werden. Nimm deshalb alles, was du durch und von deinen Eltern bekommen hast, dankbar an und lerne daraus. Es geht nämlich nur um dich.

Sai Baba, indischer Weiser unserer Zeit

aus. Das gilt natürlich in besonderem Maß für unsere Ehepartner oder Lebensgefährten. Je besser diese Beziehungen sind, umso stärker ist dieser Einfluss. Können wir da überhaupt noch von völliger Eigenverantwortung sprechen?
Ich habe in diesem Bereich meine ganz eigenen Erfahrungen gemacht. Lassen Sie mich daher eine ganz alltägliche Geschichte erzählen, die zeigt, wie es sich mit der Eigenverantwortung tatsächlich verhält.

Das unwiderstehliche Tiramisu

Auch ohne Tabellen und Rechenschieber hat jeder von uns eine ziemlich genaue Vorstellung von seiner Idealfigur. Erkennen Sie, wie weit Sie davon entfernt sind? Oder gehören Sie zu den Glücklichen, deren Körper in Idealform ist?

Ich habe Übergewicht, und darüber bin ich gar nicht glücklich. Ich weiß, dass ich mich viel wohler fühle, wenn ich zehn Kilo weniger auf die Waage bringe. Es ist mir auch nicht egal, wie ich aussehe. Jeder Spiegel, an dem ich vorbeigehe, sendet mir die eindeutige Botschaft, dass ich für mein Körpergewicht nicht groß genug bin. Schon aus diesem Grund möchte ich mein Gewicht reduzieren.
Wenn ich mir nun überlege, was die Ursache für die Pfunde ist, die ich loswerden möchte, dann stelle ich fest, dass das mehrere Gründe hat. Ich bin sehr viel unterwegs, um meine Seminare zu halten. Ein Termin reiht sich an den anderen. Aber nicht nur ich bin froh, wieder nach Hause zu kommen. Auch meine Lebensgefährtin erwartet mich voll Freude. Um mir zu zeigen, wie sehr sie mich vermisst hat, verwöhnt sie mich mit meinem Lieblingsdessert, mit einem Tiramisu. Ich habe diese italienische Spezialität schon in vielen hervorragenden Restaurants gegessen, aber das hat mir immer nur bestätigt: Sie macht das beste Tiramisu, das man sich überhaupt vorstellen kann. Und das sage ich nicht, weil sie meine Freundin ist, nein, bei Tiramisu bin ich ganz kritisch.
Nun weiß jeder, der sich damit auskennt, dass man Tiramisu nicht in einem kleinen Töpfchen zubereiten kann. Deshalb nimmt meine Freundin eine schöne große Form, in der

Bleibt das nicht ein Leben lang – der Zwiespalt zwischen Genuss und schlechtem Gewissen?

sich das Tiramisu richtig ausbreiten kann. Zwei oder drei Stunden steht sie dafür in der Küche. Ich weiß es und ich schmecke es: Dieses Tiramisu ist echt mit Liebe zubereitet. Und weil dieses Tiramisu nicht nur himmlisch schmeckt, sondern weil ich meiner Freundin durch meinen Riesenappetit zeigen will, dass ich ihre Mühe zu schätzen weiß, verspeise ich natürlich das ganze Tiramisu, das heißt, bis auf das kleine Eckchen, das sie selber isst, damit ich beim Essen nicht allein bin.

Unser Körper zeigt uns, dass echte und dauerhafte Veränderungen Zeit, Geduld und unermüdliche Ausdauer benötigen.

Wie steht es mit der Verantwortung wirklich?

Das ist, wie jeder objektive Betrachter einsehen muss, der Hauptgrund dafür, dass ich ein ziemlich starkes Übergewicht habe. Denn ich mache viele Seminare, und wie gesagt, jedes Mal, wenn ich von einem Seminar nach Hause komme, gibt es Tiramisu. Also ist im Grunde meine Freundin schuld daran, dass ich Übergewicht habe. Das ist doch logisch, oder?

Wenn ich das auf einer Skala von eins bis zehn darstellen würde, wäre es so, dass sie mit mindestens sechs, wenn nicht gar sieben Punkten schuld ist an meinem Übergewicht. Der Rest der Verantwortung liegt bei mir, denn ich könnte immerhin die Hälfte des Tiramisu am nächsten Tag essen, auch wenn es frisch am besten schmeckt.

Disziplin ist keine altmodische Tugend. Von Ihrer Disziplin, Konsequenz und Entschlusskraft hängt ganz wesentlich Ihr Erfolg ab.

Diese Geschichte habe ich einmal in einem Seminar erzählt, als meine Freundin dabei war und zuhörte. Anschließend hat sie mir ordentlich die Leviten gelesen: »Das darf doch nicht wahr sein, wie du mich vor allen Seminarteilnehmern schlecht machst! Ich soll schuld sein an deinem Übergewicht? Ab sofort bekommst du von mir jedenfalls kein Tiramisu mehr!« Jetzt gibt es Tiramisu nur noch, wenn ich Geburtstag habe.

Meine Schwiegermutter, die mich auch sehr gerne mag, hat mitgekriegt, dass ich von ihrer Tochter kein Tiramisu mehr bekomme. Jetzt macht sie mir, wenn ich von einem Seminar nach Hause komme, zum Ausgleich immer einen frischen Apfelstrudel. Dadurch haben sich die Punkte auf der Skala »Wer hat die Verantwortung – ich oder andere?« ein wenig verändert, denn bei meiner Schwiegermutter könnte ich doch leichter Nein sagen als bei meiner Freundin. Jetzt liegen sieben Punkte bei mir und drei bei der Schwiegermutter.

Verantwortung für die Gesundheit

Gesundheit	Sie selbst	andere
• Übergewicht		
• Unausgeschlafenheit		
• schlechte Zähne		
• Magenbeschwerden		
• Rückenprobleme		
• Mangel an Bewegung		
• Schlafstörungen/Schlafmittel		
• chronische Müdigkeit		
• Stress		
• zuviel Alkohol		
• Zigarettenkonsum		
• ungesunde Ernährung		
• Appetitlosigkeit		
• geschwächtes Immunsystem		
• Nervosität		
• Konzentrationsschwäche		
• Potenzstörungen		
• zu hoher Cholesterinspiegel		
• zu hoher Harnsäurespiegel		
• zu hoher Blutdruckspiegel		
• Ihre speziellen Gesundheitsprobleme		

Der Schöpfer Ihres Schicksals sind Sie allein. Kein anderer als Sie selbst schmiedet Sie an die Ketten, die Sie als Konsequenzen Ihres Handelns binden.

Verantwortung und die äußeren Umstände

Gewohnheiten prägen unser Leben. Es liegt ausschließlich an Ihnen, ob es die richtigen sind!

Was das Laufen oder besser gesagt das Joggen angeht, ist es ähnlich. Ich persönlich würde am liebsten jeden Tag laufen gehen – wenn da nicht unser miserables Wetter wäre. Häufig regnet es, manchmal schneit es, oder es graupelt und stürmt. Und wer würde bei so einem Wetter laufen gehen? Also, wenn man unser Wetter genau betrachtet, mit mindestens 100 Regentagen im Jahr und den vielen kurzen und nasskalten Tagen im Winter, wo es erst gegen halb neun richtig hell wird und um vier Uhr schon wieder dunkel ist, dann muss man zugestehen, dass ich höchstens 150 Tage im Jahr joggen kann. Das ist weniger als die Hälfte aller Tage. Deshalb ist es eine einfache Rechnung, wenn ich sage, dass an meinem Übergewicht und dem daraus resultierenden etwas zu hohen Blutdruck zu 60 Prozent das Wetter schuld ist.
Wie sieht das im Bereich Gesundheit bei Ihnen aus? Gehen Sie die Punkte durch, die in dieser »Skala der Verantwortung« aufgeführt sind, ergänzen Sie die Liste entsprechend Ihrem eigenen Gesundheitszustand und machen Sie dort Kreuzchen, wo Sie meinen, dass die Verantwortung dafür liegt: bei Ihnen selbst oder bei anderen.

Rechts: Laufen ist die beste Medizin. Laufen stärkt das Herz und den Blutkreislauf. Laufen versorgt das Gehirn mit der doppelten Menge Sauerstoff. Laufen macht potent und verhilft zu mehr Power. Laufen kräftigt das Immunsystem. Laufen macht glücklich!

Unglaublich, was alles »dazwischenkommen« kann

Ähnliche Aufteilungen der Verantwortung gelten auch für alle anderen Lebensbereiche. Wie soll man seinen Zeitplan einhalten, wenn überall die Zeit- und Energiefresser lauern – in Form von unvorhergesehenen Ereignissen oder unorganisierten Zeitgenossen? Nehmen Sie nur die Zusammenstellung der Unterlagen für die Steuererklärung oder die Umsatzplanung für die Vertriebsabteilung. Das sind Punkte, die stehen seit Wochen fest im Terminplaner – und dann müssen sie doch verschoben werden.

7

Verantwortung für den Profit

Profit	Sie selbst	andere
• schlechte Auftragslage		
• minimaler Rücklauf auf Werbesendung		
• Ärger mit den Lieferanten		
• falsche Provisionsabrechnung		
• Ärger mit den Kunden		
• schwindende Marktanteile		
• Probleme mit Geschäftspartnern		
• Probleme mit der Bank		
• Probleme mit den Investoren		
• Probleme mit der Zahlungsmoral		
• Probleme mit den Steuern		
• Probleme mit den Kosten		
• Probleme mit dem Telefon		
• Probleme mit den Führungskräften		
• Probleme mit dem Verkaufspersonal		

Dafür gibt es tausend stichhaltige Gründe. Da kommt unangemeldet ein Geschäftspartner zu Besuch, weil er gerade in der Gegend zu tun hatte. Da wird ein Kollege krank, für den man einspringen muss. Und selbst der Tag, den man sich eigens für die Erledigung der Steuererklärung frei genommen hat, verläuft ganz anders als gedacht. Da müssen die Kinder zum Kieferorthopäden gebracht werden, die Katze wird krank oder es stellt sich ausgerechnet an diesem Tag heraus, dass die Heizung wieder mal defekt ist. Wie soll man sich da noch hinsetzen und die Steuererklärung machen?

Und das gilt für alle Lebensbereiche. Überall treten Störfaktoren auf, für die wir einfach nicht verantwortlich gemacht werden können. Beeinträchtigungen, die von außen kommen und erheblich an unserem Wohlbefinden zehren. Wie sieht das bei Ihnen aus in dem Bereich Beruf, Einkommen, Profit?

Nur mit entschlossenem Handeln werden Sie zur Nummer eins.

Verantwortung für die Beziehung

Beziehung	Sie selbst	andere
• Ärger mit den Eltern		
• Ärger mit dem Lebenspartner		
• Ärger mit den Kindern		
• Ärger mit den Geschwistern		
• Ärger mit dem Freund		
• Ärger mit der Freundin		
• Ärger mit den Arbeitskollegen		
• Ärger mit den Mitarbeitern		
• Ärger mit dem Vermieter		
• Ärger mit den Mietern		
• Ärger mit den Nachbarn		
• Ärger mit dem Finanzamt		
• Ärger mit den Behörden		
• Enttäuschung über das Patenkind		
• Frustration in der Sexualität		
• Probleme mit Unzuverlässigkeit		
• Probleme mit der Eifersucht		
• Ärger mit den Strukturen in der Firma		
• keine Zeit für das Hobby		
• schlechte Laune		
• Verbitterung		

Links:
Das sind die Augenblicke, die unseren Erfolg mit Leben füllen!

Gehen Sie mit Ihrem Denken, Fühlen und Handeln nicht weniger sorgfältig um als mit Ihrem Körper.

Der zentrale Punkt jeder positiven Veränderung

Mache niemanden für dein Schicksal verantwortlich außer dich selbst. Sieh dir dein Leben, dein Schicksal an. Du hast es geschaffen. Leide nicht darunter, sondern verändere es. Du hast die Macht dazu.
Sai Baba

Wenn wir uns überlegen, aus welchem unserer Lebensbereiche das größte Glück, die größte Zufriedenheit, aber auch die größten Probleme kommen, dann ist das mit Sicherheit jener der zwischenmenschlichen Beziehungen. Da steht an erster Stelle die Familie, aus der wir stammen. Lebten wir da vorwiegend in Geborgenheit oder haben wir von dort den ganzen Zündstoff mitbekommen, der uns das Leben schwer macht und vielleicht lebenslang beschäftigt? Wie sieht Ihre Partnerschaft aus? Das Verhältnis zu den Kindern? Welche Rolle spielt in Ihrem Leben der Freundes- und Bekanntenkreis? Fühlen Sie sich in Ihrem beruflichen Umfeld wohl oder ist dort das Stresspotenzial angelegt, das Ihnen Magenschmerzen bereitet?

Gehen Sie diesen ganzen Bereich der zwischenmenschlichen Beziehungen einmal so objektiv wie möglich durch – ohne Jammern, ohne Klagen, ohne Selbstvorwürfe, und halten Sie fest, was in den einzelnen Beziehungen nicht so ist, wie Sie es gerne haben möchten. Verteilen Sie nun wieder ganz spontan die Punkte, wer und mit welchem Anteil Ihrer Meinung nach die Verantwortung dafür trägt, dass diese Beziehungen nicht so sind, wie sie für einen wirklich guten Zustand Ihres Lebens sein sollten.

Der Schlüssel zur positiven Veränderung

Wenn Sie mit dieser Bestandsaufnahme den unverrückbaren Entschluss verbinden: »Ich möchte mein Leben entscheidend verbessern!«, dann werden Sie sehr schnell auf die Frage stoßen: »Was kann ich dazu beitragen, dass ich all das Glück erlebe, das ich schon so lange herbeisehne?« Die Antwort: Es bleibt Ihnen nichts anderes übrig, als die ganze Verantwortung für Ihr Verhalten zu übernehmen und dadurch

das Verhalten der »anderen« positiv zu beeinflussen. Denn eines zeigt uns die Erfahrung ganz deutlich – wenn wir unsere zwischenmenschlichen Beziehungen dadurch verbessern wollen, dass wir versuchen, den anderen zu verändern, erleiden wir Schiffbruch.

Der Blick in die Ferne lässt große Ziele reifen!

Sehen Sie sich in Ihrem Bekanntenkreis um. Hören Sie bei Gesprächen aufmerksam zu, dann werden Sie feststellen, dass viele Menschen ein Leben lang versuchen, den Partner, die Eltern, die Kinder zu verändern. Und weil das nicht funktioniert, schon gar nicht durch permanentes Kritisieren und Nörgeln, kommen sie irgendwann zu dem Schluss: »Da kann man nichts machen! Das muss man einfach so ertragen!« Wenn Sie diese Art von Sprache hören, wissen Sie sofort, dass ein Mensch vor Ihnen sitzt, der die Verantwortung für alles Negative in seinem Leben auf andere abwälzt. Allein dieses »man« zeigt, dass viele Menschen ein sehr distanziertes Ver-

Sie gestalten Ihr Schicksal. Sie sind kein Blatt im Wind des Lebens. Sie sind der Schöpfer Ihres Lebens.

Was du im Leben wirklich benötigst, ist Selbstwertgefühl. Selbstwertgefühl ist der Schlüssel für viele Türen deiner Seele.

Sai Baba, indischer Weiser unserer Zeit

hältnis zu sich selbst und zu ihrer Verantwortung für ihr Leben haben. Sonst würden sie wenigstens sagen: »Ich kann nichts machen!« Dieses »man« ist ein ungreifbares Etwas, dem »man« für alles und jedes, das Probleme bereitet, die Verantwortung aufbürden kann.

Deshalb ist es ungeheuer wichtig, dass Sie als Erstes in Ihrem Denken statt diesem »man« ein deutliches »ich« einsetzen. »Ich will mein Leben verändern. Ich will meine Beziehungen verbessern. Ich übernehme für mein Verhalten voll und ganz die Verantwortung!«

Stellen Sie sich dazu ruhig vor den Spiegel und wiederholen Sie diese Sätze. Dann werden Sie ganz deutlich spüren, wie sich Ihr Lebensgefühl verändert. Sie geben damit Ihrer Person eine ganz neue Bedeutung, eine Bedeutung, die Ihnen vielleicht in den vergangenen Jahren unmerklich abhanden gekommen ist oder die Sie sich aufgrund Ihrer Erziehung oder einer Reihe von Rückschlägen und Niederlagen gar nicht mehr zugetraut haben.

Verändern Sie Ihre Zustandsskala

Wenn Sie nun diese einzelnen Bereiche auf eine so genannte Zustandsskala übertragen, sieht das so aus: 10 ist der absolute Topzustand. Das ist das Lebensgefühl, bei dem wir auf Wolke sieben schweben, wenn wir gerade die Frau oder den Mann unseres Lebens kennen gelernt haben. Das ist die explosive Freude, wenn wir gegen die ganze Schar der Mitbewerber den super Job oder den super Auftrag bekommen haben oder wenn wir entgegen unseren Erwartungen die wichtigste Prüfung unserer Laufbahn mit der Bestnote abgeschlossen haben.

Die 10 auf unserer Zustandsskala – das ist das absolute Olympia-Goldmedaillen-Gefühl! 10 heißt: »Ich liebe das Leben, ich bin voller Power, ich schöpfe mein ganzes Potenzial aus,

Pflegen Sie täglich Ihr Erfolgsbewusstsein.

ich spüre, wie ich wachse. Ich stehe voll in Einklang mit mir.« Dieser Topzustand kommt zugegebenermaßen relativ selten vor.

Die zehn Steine

Das wunderbare Gefühl, Erfolg zu erleben, kann Ihnen kein anderer vermitteln. Schenken Sie sich deshalb täglich das Glück und die tiefe Freude, die einzig und allein aus der eigenen Leistung kommt.

Um diesen Topzustand in meinen Seminaren sichtbar und greifbar zu machen, lasse ich eine Schale mit wunderschönen kleinen Steinen herumgehen. Da darf sich jeder Teilnehmer nach Belieben zehn Steine aussuchen. Sie symbolisieren die zehn Punkte für die Spitzenwerte des Lebens, genau wie die maximalen Punktwerte bei der Eislaufkür oder beim Turmspringen. Da kann dann jeder nachvollziehen, wie sich das anfühlt, wenn er diese zehn Steine in einer Hand hält. Sich rundum wohl fühlen, glücklich und erfolgreich sein und dafür die volle Verantwortung übernehmen, geht selbstverständlich Hand in Hand.

Ich erlebe allerdings ganz selten, dass ein Teilnehmer alle Steine in eine Hand legt, denn, wie gesagt, der Normalzustand sieht ein wenig anders aus. Menschen, die sich ziemlich gut fühlen, haben in der Regel in der einen Hand sieben Steine und in der anderen drei. Manchmal ist die Verteilung fünf zu fünf – wenn die Beziehungen zum Lebenspartner, zu den Kindern, zum Chef oder zu den Kollegen oder Kunden diesen guten Zustand beeinträchtigen.

Eines ist klar: Mit jeder Einschränkung, die Sie machen, mit jedem Kompromiss, der Sie Lebensfreude kostet, der Sie auf bloßes Existieren reduziert, verlieren Sie einen, zwei oder drei Punkte. Oder noch mehr. Das sind alles die Punkte, die Ihnen Lebensenergie rauben. Denen stehen die Energiesteine gegenüber, die Sie noch nicht gezündet haben.

Wenn nun aus jedem der Lebensbereiche Schlechtwettermeldungen eintreffen, dann kann es schon vorkommen, dass der eine oder andere Teilnehmer nur noch zwei oder gar nur einen Stein in der Hand hält, für den er sich verantwortlich hält. Überlegen Sie mal, wie das bei Ihnen aussieht. Legen Sie das Buch ruhig für einen Moment beiseite, sehen Sie sich die einzelnen Skalen an und ziehen Sie Bilanz. Wie geht es Ihnen in den einzelnen Lebensbereichen und wer trägt die Verantwortung dafür, wenn es Ihnen z.B. im Beruf oder in der Partnerschaft nicht so glänzend geht, wie Sie sich das erträumen? Verteilen Sie in Gedanken die Steine in Ihren beiden Händen. Auf Ihrer ganz persönlichen Skala von eins bis zehn können Sie festlegen, wie Sie sich fühlen, und da gibt es bei Ihnen hoffentlich bessere Verteilungen als fünf zu fünf oder noch schlechter. Wenn ein Kursteilnehmer nur zwei oder drei Steine in der Hand hält, für die er sich verantwortlich glaubt, dann ist das ein sicheres Zeichen dafür, dass ihm das Leben gründlich aus dem Ruder gelaufen ist.

Viele Menschen werden deshalb zu Verlierern, weil sie für alles, was in ihrem Leben schief gelaufen ist, andere verantwortlich machen.

Auch im Team muss jeder für seine Entscheidungen die ganze Verantwortung übernehmen!

Wenn ich mich dann mit ihm oder mit ihr unterhalte, um herauszufinden, woran und an wem dieser bedauerliche Zustand liegt, macht er/sie meistens andere Menschen dafür verantwortlich.

Übernehmen Sie die zehn Steine in Ihr Denken

Tatsache ist aber, dass wir bei diesem Spiel, das unser Leben repräsentiert, immer alle Steine selbst in der Hand haben. Das ist genau die Erkenntnis, die ich mit diesen Steinen erreichen möchte. Ich habe drei in der einen Hand und sieben in der anderen. Oder fünf in der einen und fünf in der anderen. Aber es sind *meine* beiden Hände, in denen ich die Steine halte!

Das ist es, was ich mit Verantwortung meine. Das heißt, für alles, was in meinem Leben geschieht oder nicht geschieht, liegt die Verantwortung in *meinen* Händen. Für das Positive wie für das Negative.

Um zu meinem Beispiel mit dem Tiramisu zurückzukehren: Wer ist denn letzten Endes tatsächlich dafür verantwortlich, dass ich dieses Übergewicht nicht loswerde? Wenn ich ehrlich bin, ist die Antwort doch ganz eindeutig: Ich bin verantwortlich! Niemand sonst. Denn ich müsste weder bei meiner Freundin eine ganze Auflaufform mit Tiramisu noch bei meiner Schwiegermutter ein ganzes Blech Apfelstrudel essen.

Ich könnte Nein sagen oder einfach nur die Hälfte essen oder darauf bestehen, dass immer genügend Leute zum Mitessen eingeladen werden.

Wenn Sie sich dafür entschieden haben, Ihre Lebenziele zu verwirklichen, sollten Sie sich über ein Grundgesetz des Lebens im Klaren sein: Derjenige, der entscheidet, bestimmt den Gang der Handlung!

Links:
Bewegen Sie Ihren Körper – und Sie bewegen automatisch Ihren Geist!

Es gibt kein schlechtes Wetter, nur einen Mangel an Motivation

Mit dem Joggen verhält es sich nicht anders. Wenn ich mein Ziel, zehn Kilo abzunehmen, wirklich mit eisernem Willen anstreben würde, müsste ich feststellen, dass es das ganze Jahr über höchstens zehn Tage sind, an denen es aufgrund der Wetterbedingungen nicht möglich ist, zu joggen. Für die anderen Tage brauche ich nur die richtige Ausrüstung. Ich muss mir meinen Vorsatz nur zur festen Gewohnheit machen. D.h., sobald der Wecker klingelt, raus aus dem Bett – rein in die Joggingschuhe – und nicht erst aus dem Fenster sehen, wie das Wetter ist und ob es vielleicht eine gute Ausrede gibt, sich noch einmal im Bett umzudrehen. Außerdem könnte ich ersatzweise ins Fitnessstudio gehen. Aber sowohl das Joggen wie auch das Tiramisu sind nur ganz unwesentliche Beispiele im Vergleich zu dem, was viele Menschen an Verantwortung einfach auf andere abschieben.

Viele Menschen verstecken sich hinter der Pflicht. Sie benützen die Pflicht als Ausrede dafür, dass sie nie darüber nachgedacht haben, was sie selbst wirklich wollen. Sie tun offenbar lieber das, was andere ihnen aufgetragen haben. Oder sie opponieren, indem sie »Ja« sagen und »Nein« denken.

Wenn Sie durch die Straßen gehen und die Menschen beobachten, wird Ihnen auffallen, wie viele von ihnen mit einem missmutigen, verbitterten Gesichtsausdruck durch ihr Leben gehen. Diese Menschen haben die Verantwortung für ihr Leben an andere abgegeben, an die Eltern, die ihnen nicht die richtigen Startchancen boten, an den Chef, der ihnen nichts zutraut, an die Gesellschaft, die ungerecht ist, an das Schicksal, das sowieso immer die anderen bevorzugt. Sie schleppen sich durch ein Leben voll tief sitzender Unzufriedenheit. Sie sind unzufrieden mit ihrer Arbeit, in der sie vielleicht ihre Fähigkeiten gar nicht einsetzen können. Das Einkommen ist dementsprechend zu niedrig. Es ist nur logisch, dass damit auch ihr Familienleben weit hinter den einstigen Wunschvorstellungen zurückbleibt. Daraus entsteht eine grundlegende Unzufriedenheit mit ihrer gesamten Lebenssituation. Ständig sind diese Menschen auf der

So verbessern Sie Ihre Erfolgschancen – durch gute Laune und gute Kommunikation.

Suche nach den Schuldigen, die ihnen das alles angetan oder weggenommen oder vorenthalten haben. Das beginnt mit einem kleinen Unfall, bei dem beide Fahrer aus dem Auto springen und dem anderen die Schuld geben, und es endet bei den privaten und beruflichen Katastrophen, an denen ausschließlich die »anderen« die Schuld tragen.

Lösungen entstehen nur, wenn Sie die Verantwortung übernehmen

Das Schicksal hat ein sehr einfaches Auswahlverfahren: Wer fällt und liegen bleibt, hat verloren. Wer immer wieder aufsteht, dem schenkt es am Ende ungeahnte Erfolge.

Wie könnten Menschen, die die Schuld für ihre Rückschläge, Niederlagen und kleinen Katastrophen immer anderen geben, darangehen, die Lösung für ihre Probleme in sich selber zu suchen? Da sie davon ausgehen, dass für ihr Wohlergehen, für ihren Erfolg, für ihre Zufriedenheit andere die

Wem Sie die Schuld geben für das, was in Ihrem Leben schief gelaufen ist, dem geben Sie auch die Macht über sich.

Verantwortung tragen, können sie niemals entdecken, was an Fähigkeiten, an Können und vor allem an Möglichkeiten in ihnen steckt. Sie tragen also ständig einen unvorstellbaren Schatz mit sich herum, ohne sich Gedanken darüber zu machen, wie sie ihn in Erfolg, in Wohlstand und in Lebensglück umwandeln könnten.

Die Verantwortung für unser Leben übernehmen bedeutet, dass wir nicht nur positiv denken, sondern auch positiv handeln. Viele begehen auch in diesem Punkt einen Fehler. Sie meinen, positiv denken bedeutet: »Ich setze eine rosa Brille auf, dann kommt von irgendwoher die Lösung aller Probleme!« Dabei übersehen sie, dass nur positives und verantwortungsbewusstes Handeln auf Dauer von Sorgen befreit.

Neid und Missgunst – witzig in der Werbung, aber als Erfolgsrezept total ungeeignet!

Ärger, Zorn, Hass, Neid und Eifersucht sind alles Gemütszustände, die verraten, dass jemand die Verantwortung für sein Leben an andere abgegeben hat. Wie könnte ich zum Beispiel jemanden um seinen Wohlstand oder sein glückliches Leben beneiden, wenn mir klar ist, dass die Möglichkeit dazu auch in mir liegt. Ich muss nur zielstrebig daran arbeiten, und dafür muss ich in erster Linie die Verantwortung übernehmen. Neid und Missgunst sind jedenfalls todsichere Erfolgsverhinderer, weil sie in der irrigen Annahme begründet sind, dass Erfolg, Lebensglück und Wohlstand nach einem undurchschaubaren Prinzip vom »Schicksal« verteilt werden. Und diese Geisteshaltung ist das genaue Gegenteil von eigenverantwortlichem Handeln.

In Ihrem Denken, Fühlen und Handeln ist alles auf Sie bezogen!

Erkennen Sie die Bedeutung Ihrer Person

Wir können uns in jedem Augenblick entscheiden, ob wir uns weiter von negativen Gefühlen und Gedanken, von einem scheinbar unausweichlichen Schicksal und einer vermeintlich von anderen auferlegten Chancenlosigkeit hinabziehen lassen oder ob wir uns für eine positive Bewältigung der Probleme entscheiden. Sie können ehrlichen und dauerhaften Erfolg aber nur erzielen, wenn Sie sich ab sofort bei jeder Entscheidung, bei jeder Handlung ganz genau überlegen, wer die volle Verantwortung für Ihr Leben trägt. Dafür gibt es nur eine einzige Person – Sie kennen Sie besser als irgendjemand anderen. Es sind ausschließlich Sie selbst.
Sie sind der wichtigste Mensch in Ihrem Leben! Das hat nichts mit Egoismus zu tun. Ganz im Gegenteil, denn diese Erkenntnis beinhaltet, dass auch jeder andere Mensch, mit dem Sie zu tun haben, im Mittelpunkt seiner Welt steht.

Wer nicht entscheidet, muss hinnehmen, dass andere für ihn entscheiden.

Alles, was Sie sehen und empfinden, was Sie erleben oder auch in schmerzlicher Weise nicht erleben, hat einen direkten Bezug zu Ihnen. Nicht »man« hat Hunger oder Durst oder Sehnsucht nach Zuneigung, sondern Sie ganz persönlich. Niemand kann, auch wenn er Ihnen noch so nahe steht und über noch so viel Einfühlungsvermögen verfügt, Ihr Leben so empfinden, wie Sie es tun. Auch wenn Sie vielleicht in vielen Bereichen so leben, wie andere es von Ihnen wünschen, fordern oder gar erzwingen – Sie sind trotzdem der Mittelpunkt Ihrer Welt.

Was Sie in Ihrem Leben nicht »erleben«, existiert nicht. Was Sie nicht verwirklichen, bleibt auf immer und ewig nicht existent. Gedanken, die Sie nicht gedacht haben, kommen in Ihrem Leben nicht vor. Gefühle, die Sie nicht erlebt haben, spielen in Ihrem Leben keine Rolle. Ziele, die für Sie wesentlich sind und die Sie nicht erreicht haben, kann für Sie kein anderer verwirklichen. Sie können Ihr Leben mit nutzlosen Tätigkeiten verbringen oder Sie können es so gestalten, dass Sie von Tag zu Tag das wunderbare Gefühl haben: »Ja, ich spüre, wie ich immer stärker das Leben lebe, das mir entspricht!« In jedem Fall ist es dieses eine und nicht wiederholbare Leben, das Ihnen geschenkt ist und für das Sie die volle Verantwortung übernehmen müssen.

Wer sein Lebensziel verwirklichen will, muss zur rechten Zeit Dämme gegen den Egoismus der anderen bauen.

»Tu, was du willst!«

In einem der erfolgreichsten Jugendbücher in deutscher Sprache, in Michael Endes »Die unendliche Geschichte«[3], wird Bastian, der Held, aufgefordert: »Tu, was du willst!« Er denkt: »Das ist ja wunderbar. Das habe ich mir schon immer gewünscht. Genau das ist es, was mir die Erwachsenen bisher immer verweigert haben!« Aber im Laufe dieser unend-

Links:
Sie stehen immer im Mittelpunkt Ihrer Welt!

[3] Michael Ende: *Die unendliche Geschichte*. Thienemann Verlag, Stuttgart 1979

lichen Geschichte macht dieser Junge die erstaunliche Feststellung, dass das eine der schwierigsten Aufforderungen ist, die man uns Menschen stellen kann. »Tu, was du willst!« setzt nämlich voraus, dass wir ganz sicher wissen, was wir wollen, dass wir bereit sind, die volle Verantwortung für unser Handeln zu übernehmen, auch offen und ehrlich zu sagen, wenn wir etwas nicht wollen.

Ein Satz von ungeheurer Sprengkraft

»Tu, was du willst!« ist ein Satz von ungeheurer Sprengkraft. Er stellt Fragen, die nicht nur Wünsche und Vorlieben von Abneigung und Widerwillen trennen. »Tu, was du willst!« ist eine Aufforderung, die Sie zwingt, sich ohne Ausflüchte mutig auch zu Ihren Schwächen zu bekennen. »Tu, was du willst!« ist eine Entscheidungshilfe, die sehr oft zu einem »Nein« führen kann, wenn alle ein »Ja« von Ihnen erwarten. »Tu, was du willst!« fordert gerade im Bezug auf Ihr Lebensziel Entscheidungen, die Ihr Leben extrem verändern werden. »Tu, was du willst!« stellt enorme Anforderungen an Ihren Mut und an Ihre Entscheidungskraft.
Stellen Sie sich diesem »Reinheitsgebot« Ihrer Handlungen. Damit werden Sie alle Ihre Wünsche, Erwartungen, Hoffnungen und Pläne, all Ihren Mut, Ihre Motivation, Ihre Energie und Ausdauer wie in einem Laserstrahl auf einen Punkt bündeln – auf das Erreichen Ihres Lebensziels!

»Worauf sind Sie stolz in Ihrem Leben?« – Wenn Sie auf diese Frage keine Antwort haben, sind Sie von Ihrem Erfolg noch weit entfernt.

Jeder Mensch kann wählen

Wer bewusst die ganze Verantwortung für sein Handeln übernimmt, wird plötzlich feststellen: Kaum eine Situation, und wenn sie noch so verfahren zu sein scheint, ist ausweglos. Die Ausweglosigkeit entsteht durch unsere Blockaden, durch die selbst auferlegten Begrenzungen, die wir aufgrund

»Tu, was du willst!« – Ein faszinierender und erschreckender Gedanke zugleich! Bastian in »Die Unendliche Geschichte«

unserer Erziehung oder der gesellschaftlichen Konventionen für unüberwindlich halten.
Wenn Sie in New York mit dem Taxi fahren und sich mit dem Fahrer unterhalten, können Sie immer wieder feststellen, dass da ein Ingenieur, ein Ladenbesitzer oder auch ein Universitätsdozent am Steuer sitzt. Sie haben aus irgendeinem Grund gerade keinen Job oder kein Einkommen und fahren daher Taxi. Das ist bei uns fast undenkbar. Was würden da die Nachbarn oder die ehemaligen Kollegen sagen?

Kein Mensch muss müssen

Es gibt nichts, was Sie müssen. Es gibt nur Konsequenzen, die Sie nicht wollen.

Wolf W. Lasko, Autor und Managementberater

Es gibt in jeder Situation viel mehr Wahlmöglichkeiten, als wir uns zunächst vorstellen können. Nehmen Sie ein Blatt Papier und einen Bleistift zur Hand und schreiben Sie zwanzig Tätigkeiten auf, von denen Sie überzeugt sind, dass Sie sie unbedingt tun müssen: täglich arbeiten, die Kinder zur Schule bringen usw. Dieser Liste stellen Sie Möglichkeiten gegenüber, mit denen sich das alles vermeiden lässt. Die Alternativen zum Geldverdienen könnten z.B. heißen: reich heiraten, Lotto spielen, von der Arbeitslosenunterstützung leben.

Plötzlich werden Sie feststellen, dass diese Alternativen mit Konsequenzen verbunden sind, die nicht zu Ihrem Wertesystem passen. Das kann nur bedeuten, dass Sie sich über die Konsequenzen Ihres Handelns in einer ganz neuen Weise klar werden und dafür die Verantwortung übernehmen – oder auch nicht. Denn es gibt grundsätzlich für jede Lebenssituation drei Wahlmöglichkeiten:

Love it
Leave it
Change it

Alle negativen Emotionen verlieren die Macht in dem Moment, in dem wir die Verantwortung für unser Handeln übernehmen!

Diese Wahlfreiheit und das Verstehen der Wahlfreiheit wird Ihnen in Ihrem Leben eine neue Dimension eröffnen. Sollte Ihnen Ihr derzeitiger Job nicht wirklich gefallen, dann setzten Sie einen der obigen drei Begriffe ein.

»Love it« besagt, dass Sie zufrieden sind und dass Sie voll zu Ihrer Situation stehen und ein klares Ja dazu sagen, auch wenn sie oftmals schwierig und belastend ist.

»Leave it« bedeutet, dass Sie die Situation so unerträglich empfinden, dass Sie gezwungen sind, das Spielfeld zu verlassen. Das ist nicht immer eine »Flucht«, sondern kann eine ganz vernünftige Entscheidung sein.

»Change it« heißt, dass Sie Ihre derzeitige Situation ändern können, wenn sie Ihnen nicht mehr behagt.

Nehmen Sie die Situation in einer schwierigen Partnerschaft. Das »Love it« scheint vielleicht nach vielen Auseinandersetzungen und gegenseitigen Verletzungen nicht mehr möglich. Aber auch das »Leave it« ist eine Alternative, die nur Schmerzen bereitet. Wie könnte also das »Change it« aussehen? Der erste Schritt zur Verbesserung der Situation kann doch mit Sicherheit nur sein, sich darüber klar zu werden, wo die eigene Verantwortung für die Schwierigkeiten liegt und wie Sie das eigene Verhalten im Hinblick auf den anderen verändern können.

In jedem Fall müssen Sie sich der Tatsache bewusst sein, dass immer alle zehn Steine in Ihren Händen liegen. Diese Erkenntnis ist häufig sehr schmerzhaft. Vielleicht müssen Sie von lieb gewonnenen Ausreden und Schuldzuweisungen Abschied nehmen. Aber auf der anderen Seite eröffnet Ihnen gerade diese »freundliche Übernahme der Verantwortung« alle Möglichkeiten, Ihr ganz persönliches Potenzial auszuschöpfen und den Lebensplan zu verwirklichen, der auf das Engste mit Ihren Fähigkeiten und Vorzügen verbunden ist.

Kapitel 8

Steigern Sie Ihre Lebensqualität

Auf der Suche nach der richtigen Lebensgestaltung müssen wir uns immer der Tatsache bewusst sein, dass unser Dasein auf einer Zeitschiene verläuft, die unaufhaltsam vorwärts drängt. Wir haben also nicht die Möglichkeit, unser Leben zu üben. Wir haben keine Zeit, unser Leben probeweise zu gestalten. Wir sind »live« auf Sendung.

Für unser Leben haben wir nur einen Versuch

Viele schätzen ihr eigenes Leben in diesem Punkt völlig falsch ein. Sie meinen, Sie befänden sich in der Generalprobe. Sie »versuchen« ihre Ziele zu erreichen. Sie trainieren und üben, in der Hoffnung, alles irgendwann besser zu machen. Dabei wollen sie vor allem Fehler vermeiden. Deshalb gehen sie jedem Risiko aus dem Weg. Aber genau das ist der Grund, warum sie keine nennenswerten Erfolge erzielen.

Denken Sie zurück an die Zeit, als Sie noch ein Kind waren. Wie war das früher? Haben Sie da auch überall Risiken und Probleme gesehen? Nein, Sie sind auf die höchsten Bäume geklettert und Sie sind oben auf einer drei Meter hohen Mauer entlanggelaufen. Links und rechts ging es steil nach unten. Sie hatten nur das Ziel, auf dieser Mauer entlangzulaufen. Und Sie haben es geschafft! Oder auch nicht. Aber das spielte keine Rolle. Die Hautabschürfungen oder das aufgeschlagene Knie waren schnell verheilt.

Als Erwachsene denken wir nur noch: »Was könnte alles passieren, wenn ich da herunterfalle?« Wir entwickeln so eine

Für unser Leben haben wir nur einen Versuch. Risikobereitschaft heißt keinesfalls, die Gefahren zu unterschätzen. Je größer die Gefahr ist, zu scheitern, umso mehr Gedanken müssen wir uns machen, was wir noch brauchen, um der Aufgabe gerecht zu werden.

Rechts: Wie groß ist Ihre Risikobereitschaft?

Art Vollkaskomentalität. Wenn überhaupt, gehen wir Risiken nur ein, wenn wir gegen alles, was irgendwie schief gehen könnte, doppelt und dreifach abgesichert sind. Aber genau das ist die Denkweise, die uns am Erfolg hindert, die uns bremst, die keine Entwicklung zulässt. Warum ist das so? Wir bekommen von Kindheit an eingetrichtert, dass Fehler etwas Schlechtes sind. Fehler müssen unbedingt vermieden werden. In der Schule wird diese Einstellung noch verstärkt. Unsere gesamte Erziehung ist darauf ausgerichtet, nach den Dingen zu suchen, die wir noch nicht beherrschen. Viel häufiger als Lob hören wir: »Das kannst du noch nicht, das machst du falsch, das musst du an dir verändern!«

Fehler sind notwendige Erfahrungen

Wir werden in erster Linie von negativer Kritik gesteuert. Das können Sie ganz einfach testen. Sehen Sie sich die nachfolgenden Rechnungen an:

2 + 3 = 5	7 + 4 = 11
3 + 3 = 6	9 + 5 = 14
4 + 3 = 7	6 + 9 = 15
8 + 1 = 10	17 + 4 = 21
5 + 9 = 14	13 + 9 = 22

Unsere Leistungsbereitschaft und unsere Begeisterung wachsen auf dem Nährboden von Lob und Anerkennung.

Die Antwort lautet automatisch: Eine Rechnung ist falsch. Wir sagen nicht: Neun Rechnungen sind richtig. Nein, wir konzentrieren uns immer auf das, was nicht richtig ist, was noch nicht funktioniert. Wir konzentrieren uns immer auf die Fehler. Ein Kind könnte zu Recht sagen: »Warum bewunderst du nicht meine mathematischen Fähigkeiten, dass ich neun Rechnungen richtig gerechnet habe?«
Wir sind leider so programmiert, dass wir immer nach dem Negativen schauen. Das geht aber leider sehr weit über diese

8

einfachen Rechnungen hinaus. Wir betrachten auch die Menschen, mit denen wir zusammenleben, den Lebenspartner, die Partnerin, die Kinder vor allem unter dem Aspekt: »Was hat der an sich, was mich nervt?« Statt dass wir uns auf das konzentrieren, was wir an den Menschen, die in unserem Leben am wichtigsten sind, das mit Freude feststellen, was sie einzigartig und gut machen, konzentrieren wir uns immer auf die Fehler.

Manchmal entsteht der Eindruck, dass es wichtiger ist, Fehler zu vermeiden, als etwas Neues zu lernen und auszuprobieren. Aber wie könnten wir Englisch, Französisch oder irgendeine andere Fremdsprache lernen, wenn wir sie aus Angst vor dem Fehlermachen nicht anwenden?

Links: Die Vorbereitungen sind abgeschlossen. Jetzt fehlt zum Flug nur noch der Absprung!

Die beste Strategie zeigt sich im Handeln

Mit der Entwicklung unseres Erfolgspotenzials verhält es sich ganz genauso. Wir können unser Potenzial nur kennen lernen und weiterentwickeln, wenn wir es anwenden, wenn wir es in Aktion umsetzen. Dabei können wir vieles richtig machen. Aber die Erfahrung lehrt uns, dass wir unweigerlich auch Fehler begehen. Manche dieser Fehler erkennen wir sofort und bemühen uns, die Fehlerquellen zu beseitigen, hinzuzulernen und es das nächste Mal besser zu machen. Auf unsere Aktion erhalten wir aber auch eine bestimmte Reaktion von anderen – von unserem Chef, von Kollegen, von unserer Umgebung. Auf gute und erfolgreiche Arbeit erhalten wir Lob, auf das wir natürlich stolz sind. Auf Dinge, die wir falsch machen, die uns missglücken, die wir in den Sand setzen, kommt nicht nur der freundliche Hinweis, dass wir das nächste Mal unser Verhalten etwas verändern sollten. Nein, es gibt handfesten Ärger. Wir erfahren in schmerzhafter Weise Ablehnung. Wir erleiden erhebliche Einbußen in unserem Einkommen. Unsere Existenz ist bedroht. Lauter

Das Bild, das wir von uns selbst haben, ist ganz entscheidend dafür, wie wir auf andere Menschen wirken und wie andere Menschen auf uns reagieren.

Wer Herausforderungen immer nur halbherzig angeht, kann nie den ganzen Sieg erringen.

Dinge, die unsere Selbstachtung und unser Selbstbewusstsein ganz massiv beeinträchtigen können. Kurz, wir erfahren Schmerz!
Was passiert aber nun, wenn wir das nächste Mal in die gleiche Situation kommen, wenn wir unser »Potenzial« wieder in Aktion setzen wollen? – Ganz richtig! Wir wollen diesen Schmerz vermeiden. Wir sind übervorsichtig. Wir reduzieren das Risiko auf mindestens die Hälfte, sichern uns nach allen Seiten ab, suchen uns schon vorher die passenden Ausreden. Bei einer derartigen Handlungsweise und vor allem einem derart reduzierten Einsatz können wir selbstverständlich keine allzu großen Erfolge mehr erzielen, aber das erscheint uns als das geringere Übel. Denn schließlich ist es uns gelungen, den Schmerz zu vermeiden.
Diesen Kreislauf auf der Abwärtsspirale können Sie anhand der folgenden Grafik sehr gut nachvollziehen.

Der Erfolgszyklus:

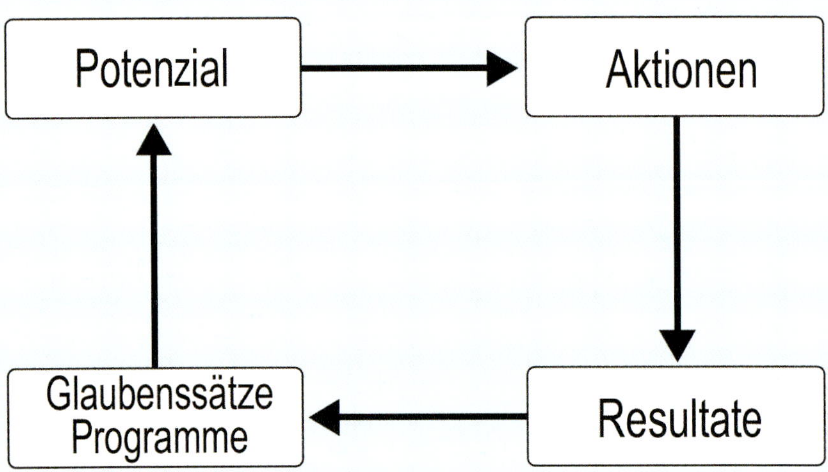

Quelle: Anthony Robbins

Hier wird noch einmal deutlicher dargestellt, was bei den meisten Menschen passiert, wenn sie nach einem Rückschlag nicht den Mut aufbringen, weiter auf ihre Ziele zuzugehen:

Unser Wahrnehmungssystem und wie es unser Handeln beeinflusst

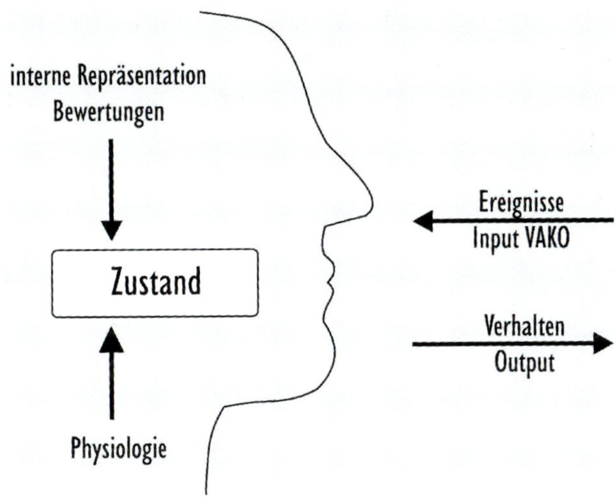

V = Visuell
A = Auditiv
K = Kinästhetisch
O = Olfaktorisch (Gustativ)

Ob Sie glauben, dass Sie eine Sache tun können, oder ob Sie glauben, dass Sie sie nicht können, Sie haben in jedem Falle Recht!

Henry Ford

Daraus folgt: Wer Fehler unter allen Umständen vermeiden will und wer vor Niederlagen Angst hat, erreicht bestenfalls Mittelmaß.

Der Weg zum Erfolg beginnt immer ganz unten

Wenn Sie in diesem Zusammenhang die Biografien erfolgreicher Unternehmensgründer, Staatsmänner oder anderer Menschen, die etwas bewegt haben, ansehen, werden Sie feststellen können: Der Weg zum Erfolg begann in aller Regel nach einer vernichtenden Niederlage oder, wie im Fall von Abraham Lincoln, sogar nach einer ganzen Serie von beruflichen und privaten Rückschlägen. Hätte Abraham Lincoln nach der ersten oder zweiten Wahlschlappe das getan, was die meisten Menschen nach Niederlagen tun, nämlich sich zurückzuziehen, wäre er nie Präsident der Vereinigten Staaten geworden. Er wäre nie zu diesem Ruhm aufgestiegen. Vor allem hätte er nie diese Dimension seines eigenen Potenzials kennen gelernt.

Sich nicht entmutigen lassen, Krisen und Rückschläge als Chancen zu betrachten, aus Niederlagen einzig und allein die Erkenntnis zu ziehen, was Sie an Ihrer Strategie oder an Ihrem Produkt noch verbessern müssen, ist eine der wichtigsten Voraussetzungen für Erfolg. Das ist genau der Punkt, an dem das »Schicksal« entscheidet, wer den Erfolg verdient und wer nicht. Denken Sie nur an Walt Disney, der, als er schon ein berühmter Filmproduzent war, die Vision eines gigantischen Vergnügungs- und Themenparks hatte. Er wollte diesen Park nicht nur in einem »entlegenen« Landstrich in Kalifornien inmitten von Orangenplantagen errichten. Er beabsichtigte auch, einen einmaligen Eintrittspreis zu verlangen, und dann konnten die Besucher nach Herzenslust alle Einrichtungen benutzen, ohne ständig neu zahlen zu müssen – wie das bei anderen Vergnügungsparks üblich war.

Das Wichtigste ist, weiterkämpfen bis zum Schluss, auch wenn der Spielstand noch so ungünstig aussieht.
Franz Beckenbauer

Nur wer seine Niederlagen überwindet, tritt aus der Menge der Namenlosen heraus!

Für die Errichtung dieses Parks benötigte Walt Disney eine Bank, die ihm die notwendigen Investitionen vorfinanzierte. Die erste Bank, der er seine Pläne vorstellte, winkte ab. Bei allem Respekt vor Walt Disney – diese Idee war doch zu verrückt. Die zweite Bank verhielt sich ebenso. Wissen Sie, wie viele Banken der berühmte Walt Disney aufsuchen musste, bis er eine Zusage erhielt? 354! Erst der 354. Bankmanager ließ sich von Disney's Argumenten überzeugen. 354-mal Hoffnung und Schmerz! Die meisten »vernünftigen« Menschen geben nach dem dritten Versuch auf. Weil sie diesen Schmerz der Enttäuschung vermeiden wollen.

Dagegen so von ihren Zielen überzeugt zu sein, dass sie diesen Schmerz in Kauf nehmen, dass sie sich nicht entmutigen lassen, das ist die Denkweise erfolgreicher Menschen. Wer je-

Erfolgreiche Menschen unterscheiden sich von den erfolglosen dadurch, dass sie in jeder Situation bis zum Äußersten glauben, dass sie ihr Ziel erreichen werden.

doch glaubt, »vernünftig« zu handeln, indem er alles vermeidet, was Risiko beinhaltet und daher zu Schmerz führen könnte, verhindert Erfolg bereits im Ansatz.

Das ist wie bei einem Pendel. Es schlägt auf der einen Seite so weit aus wie auf der anderen. Das bedeutet, wenn Sie die überschäumende Freude über einen Erfolg erleben wollen, bei dem das Pendel bis zum höchsten Punkt ausschlägt, müssen Sie auch in Kauf nehmen, dass es auf der anderen Seite genauso weit ausschlägt.

Trotz allen Erfolgsbewusstseins ist es unausweichlich, dass auch erfolgreiche Menschen manchmal scheitern.

Nur wer bereit ist, die Ausschläge auf der Negativseite als Erfahrungen anzusehen, bekommt den Schwung, den er braucht, um den Gipfel des Erfolgs zu erleben. Wer dagegen einen Stopper einbaut, damit es auf der Negativseite, auf der Seite des Risikos, der möglichen Niederlagen und des Schmerzes nicht so weit ausschlägt, der kann auch nicht erwarten, dass sein Erfolgspendel die nötige Kraft erhält, um auf der positiven Seite bis zum Höhepunkt zu gelangen.

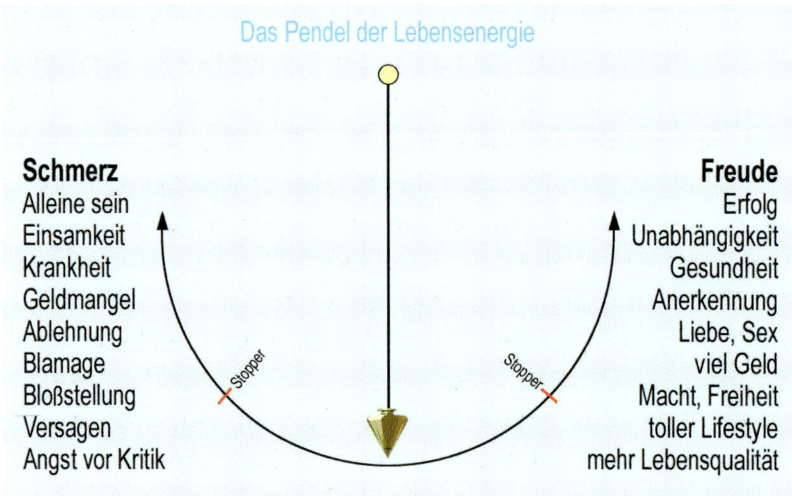

Für Gewinner ist die Freude grenzenlos!

Spielen Sie in der richtigen »Liga«

Kein Tennisprofi hat je Platz eins auf der Weltrangliste erreicht, indem er immer nur gewonnen hat. Das ist gar nicht denkbar, denn schließlich traten ein Boris Becker oder eine Steffi Graf gegen Konkurrenten an, die in derselben Liga spielten und die wie sie das Ziel hatten, diesen ersten Platz zu erobern. Die beiden hätten natürlich auch sagen können: »Komm, spielen wir in der Landesliga. Da gewinnen wir auf Jahre hinaus jedes Match!« Diesen »Stopper« bauen viele Menschen in ihre »Erfolgskarriere« ein. Sie hängen einfach ihre Latte niedriger, um dem Schmerz über die Niederlagen zu entgehen. Auch das ist ein sicherer Weg ins Mittelmaß. Wenn Sie also Ihr großes Lebensziel fest ins Auge fassen und mit aller Entschlossenheit darauf zugehen, müssen Sie sich darüber im Klaren sein, dass Sie Rückschläge erleben und

Niederlagen verwandeln sich in eine unwiderstehliche Kraft, sobald Sie den festen Entschluss gefasst haben, sie zu überwinden.

überwinden müssen. Hauptsache, Sie spielen in der richtigen Liga.

Wie Sie Ihren Zustand positiv beeinflussen können

Entscheidend ist nicht das, was einem zustößt, sondern das, was man daraus macht.
Wolf W. Lasko

Es bleibt keinem Menschen erspart, dass er Phasen durchzustehen hat, die sehr frustrierend sind. Freundschaften, Partnerschaften gehen in die Brüche. Ein langjähriger Kunde geht zur Konkurrenz. Ein Geschäftspartner kündigt einen Vertrag auf, mit dem man fest gerechnet hat. Da kommen zu der menschlichen Enttäuschung schnell auch noch finanzielle Probleme, die einen Menschen in ein tiefes Loch werfen können. Das ist die Ursache für sehr viel Schmerz. Ist es da nicht ganz besonders wichtig, Dinge parat zu haben, mit denen man seinen Zustand augenblicklich verbessern kann?
Wenn Sie etwas erfolgreich bewältigen wollen, bewirkt allein schon dieser Entschluss, dass Sie sich in einem guten Zustand befinden – wenn Sie in ein Gespräch gehen, wenn Sie einen Kundenbesuch vorbereiten, wenn Sie einen Vortrag halten oder auch nur, wenn Sie Ihren Mitarbeitern erklären, wie Sie sich die nächste Phase der Expansion vorstellen.
Für diesen Zustand sind Sie ganz und gar selbst verantwortlich, niemand sonst. Natürlich können Sie sagen: »Ich bin heute schlecht drauf, weil dieser Kunde einen todsicheren Auftrag storniert hat!« oder »Wie soll ich mich in einem Topzustand befinden, wenn es dauernd Ärger mit der Konzernleitung gibt?« Aber wer ist letztlich für die Reaktion auf diese Behandlung verantwortlich? – Sie selbst, niemand sonst!
Nehmen Sie nur ein Beispiel aus dem ganz gewöhnlichen Alltag: Sie sind mit dem Auto unterwegs. Der Straßenverkehr ist ein einziger Stress. Ein Stau folgt dem anderen. Weil Sie es eilig haben, fahren Sie bei Rot noch schnell über die Kreuzung und werden an der Ampel geblitzt. Sie wissen ganz

genau, jetzt sind Sie wieder 50 Euro los. Der Geschäftsinhaber hat Sie gerade noch auf dem Handy angerufen und Ihnen in vorwurfsvollem Ton mitgeteilt, dass er Ihren Monatsbericht nun endgültig am nächsten Tag auf dem Schreibtisch haben will. Und nun fahren Sie zu einem wichtigen Termin, bei dem es um den größten Auftrag seit einem halben Jahr geht – was passiert da erwartungsgemäß? – Sie sind unkonzentriert. Sie strahlen eine negative Atmosphäre aus. Von Charisma keine Spur. Sie wissen, Sie haben ihre überzeugenden Argumente alle bestens vorbereitet. Die Unterlagen sind genau auf die Bedürfnisse dieses Kunden abgestimmt – und dennoch will der Funke bei diesem Gespräch einfach nicht überspringen.

Erfolgreiche Menschen sind in der Lage, vorsätzlich gute Emotionen zu erzeugen.

Das ist wie bei einem Formel-1-Rennfahrer. Er ist völlig austrainiert. Er hat jeden Meter der Strecke im Kopf, aber wenn er mental nicht seinen Topzustand erreicht, fehlen ihm am Schluss genau die Sekunden, die er für den Sieg gebraucht hätte. Diese letzten Ressourcen, die über Sieg oder Niederlage entscheiden, haben nichts mehr mit körperlicher Fitness zu tun.

Entscheiden Sie sich jetzt – für Ihren Erfolg!

Im Tennis ist es dasselbe. Wenn zwei gleich gute Spieler aufeinander treffen, gewinnt derjenige, der die bessere Tagesform hat, der sich nicht von den Erwartungen der Fans unter Druck setzen lässt, der sich nicht vom Publikum, von einem Trainerwechsel oder von einer Fehlentscheidung des Schiedsrichters nervös machen lässt. Derjenige, der verliert, muss sich fragen: »Warum habe ich meine Spitzenleistung

Begeistern Sie sich für Ihren Erfolg. Begeistern Sie sich für Ihr Leben. Der Funke der Begeisterung wird alle negativen Gefühle aus Ihrem Leben verbannen.

nicht erreicht? Was kann ich daraus lernen? Wie kann ich beim nächsten Spiel diese Stressfaktoren besser in den Griff bekommen?« Ein vorübergehend schlechter Zustand bedeutet ja nicht, dass er alles, was er kann, verlernt hat.

Übertragen auf Ihre Alltagssituation bedeutet es, dass Sie Ihren Zustand managen müssen, dass Sie, wie schon beschrieben, einen Anker suchen, mit dem Sie sich in einen Spitzenzustand versetzen können.

Zum Schluss dieses Buches, das Ihnen den Weg zu Ihrem ganz persönlichen Erfolg erleichtern soll, möchte ich Ihnen noch einmal die wichtigsten »Erfolgsschalter« zusammenstellen:

Der Erfolgsschalter

1. Bleiben Sie nicht länger bei dem stehen, was Sie bisher daran gehindert hat, Ihr Potenzial auszuschöpfen und auf der Leiter zum Erfolg Stufe für Stufe aufzusteigen.
2. Verlassen Sie Ihre Komfortzone oder Bequemlichkeitszone und überschreiten Sie die rote Linie Ihrer Selbstbegrenzungen.
3. Fassen Sie Ihr Lebensziel fest ins Auge und lassen Sie sich von keinem Rückschlag entmutigen.
4. Glauben Sie an die Macht des positiven Denkens. Steigern Sie Ihr Selbstwertgefühl und gehen Sie im Bewusstsein Ihres Könnens den Weg vom positiven Denken zum positiven Handeln.
5. Stellen Sie sich täglich die Frage: »Wenn ich meinen Lebenstraum nicht jetzt lebe, wann dann?«

Deshalb setze ich an den Schluss dieses Motivationsbuches noch einmal die dringende Aufforderung: »Entscheiden Sie sich jetzt – für Ihren Erfolg, für Ihren Wohlstand, für Ihr Lebensglück!«

Der Autor

Mirko Ribul coacht Führungskräfte und Vertriebsmitarbeiter zahlreicher weltbekannter Unternehmen. Viele namhafte Unternehmer und Privatpersonen vertrauen seit Jahren auf seine Kompetenz und seine innovativen Trainingsstrategien in den Bereichen Motivation, Kommunikation und Kundenorientierung. Mirko Ribul ist der Spezialist für Teamentwicklung und nachhaltige Veränderungsprozesse durch erlebnisorientiertes Training.

»›Entscheide dich jetzt!‹ ist ein Leckerbissen. Es hilft dem Leser, Dinge zu erreichen, die er bis anhin für unmöglich gehalten hat!«

Umberto Saxer, Verkaufstrainer und Autor

»Ganz im Sinne der ›Rubicon-Philosophie‹ spiegelt das Buch ›Entscheide dich jetzt!‹ von Mirko Ribul die große Erfahrung seiner jahrelangen Seminartätigkeit im Umgang mit Handlungsschwäche und Umsetzungsstärke. Ein absolutes Muss für jeden Lifestyle-Piraten.«

Helmut Fuchs, Cheftrainer der TAM-Trainer-Akademie-München, zählt zu den sieben Top-Management-Trainern in Deutschland

Bildnachweis

Fotos:

ABC-Beratung AG, Zug: S. 36, , 106 o.l, 107 o.r., 106/107, 193
APA/Hans Klaus Techt: S. 8
Bavaria Bildagentur, München (Getty Images Inc.): S. 185
Deutsche Presse Agentur: S. 41, 196
dpa/dpaweb/dpa/Kay Nietfeld: S. 5 o.r., S. 174
Steve Domenjoz: S. 2/3
EPA/Anja Niedringhaus/MB/MPC: S. 87
EPA/Jean-Loup Gautreau/sw : S. 11
IFA-Bilderteam, München: S. 4 o.r., 4 u.l., 5 o.l., 5 u.l., 5 u.r., 18, 19, 21, 24, 25, 39, 40 o.r., 42, 43, 48, 50, 53, 59, 60, 67, 70, 73, 80, 81, 83, 85, 98, 100, 109, 111, 113, 115, 122, 125, 127, 132, 133, 134, 139, 141, 142, 145, 146, 177, 178, 187, 189, 190, 195, 204, 207, 211, 213, 214, 217, 221, 222, 225, 227, 228, 234, 237, 238 (2x), 243, 245, 247
Interfoto, München: S. 16, 17 (2x), 94, 97, 104, 231
Manfred O. Glück, München: 1, 4 o.l., 14, 34, 40 o.l., 62, 92/93
Sammy Minkoff, Eching am Ammersee: S. 9
PA/Ho/fob: S. 126
Richard Seitz, Altmünster: S. 180 (4x)
Sixt: S. 226
Paul Wilke, Wien: S. 249

Grafiken:

Tobias Glück, München: S. 75
Die Medieninsel Cross Media Agentur, Lindau am Bodensee: S. 130/131, 138, 169, 219, 240, 244
B. Meyerhofer, Fa. Cadion, Cadolzburg: S. 137
Raiffeisenbank: S. 198 (diverse Werbematerialien als Collage)

Bibliografische Information Der Deutschen Bibliothek

Die Deutsche Bibliothek verzeichnet diese Publikation in der Deutschen Nationalbibliografie; detaillierte bibliografische Daten sind im Internet über http://dnb.ddb.de abrufbar.

ISBN 3-7093-0017-7

Interviews, Textbearbeitung und Redaktion:
Manfred O. Glück, München

Layout: VerlagsService
Dr. Helmut Neuberger & Karl Schaumann GmbH, Heimstetten

Gestaltung: Daniel Costa

Umschlag: AG MEDIA GmbH, Wien, unter Verwendung eines Fotos von Paul Wilke, Wien

1210 Wien, Scheydgasse 24, Tel.: 01 / 278 05 26

www.lindeverlag.at

Druck: Hans Jentzsch & Co. GmbH., 1210 Wien, Scheydgasse 31